U0108100

Explore the Bill

遇見鈔票

第3版

莊銘國、卓素絹 著

書泉出版社 印行

開場白

當你收到別人給的名片，你會先看哪裡？對方的名字？抬頭？

當你拿到國家的名片——「鈔票」，你會先看哪裡？金額？圖案？

除了國旗、國徽外，貨幣也是一個國家的象徵和代表，它甚至被視為國家的名片。一張鈔票不只是一個國家文化、歷史與社會的縮影，也巧妙匯集了它的政治、經濟、文化、藝術、地理與景觀等豐富訊息。因此，我說它既是商品，也是藝術品。作者從臺幣出發，運用「類比法」（Analog Method）——從熟悉人事物到陌生人事物，從已知人事物到未知人事物進行比較，像從一座山跨過一座山，由探索中獲得啟發，開拓無窮的視野。

這將會是一場奇妙的藝術饗宴。在宴會上，你可能遇到馬可波羅，趁此帶他來逛逛中山樓；也可能看見彼得大帝，問他對爬玉山有沒有興趣；如果你夠Lucky，或許還會巧遇溥儀，此時可送上一隻梅花鹿當見面禮，並且來場「交換名片」的遊戲。現在，就盛裝打扮赴宴去，體驗跨場景、跨世紀的不可思議！

致謝

2010 金鼎獎

2012 • 臺北故事館 / 高雄科學工藝館 / 國父紀念館展出

　　 • 蘋果日報 / 民視 / 中視 / 華視 / 公視 / 教育電台 / 飛碟電台專題報導

　　 • 北京龍門書局發行本書簡體版

2013 美國南加州大學 Jacques E. C. Hymans 副教授跨海訪問本書

本書也特別感謝下列網站，使作者從中獲取豐厚知識：

(1) 世界紙鈔網（中國）

　　http://www.ybnotes.com/

(2) 世界の紙幣 NEWS（日本）

　　http://www23.ocn.be.jp/%7Euemura

(3) Southern African Paper Money（南非）

　　http://members.xoom.com/papermoney/index.htm

(4) NEAL's Collectable Currency（美國）

　　http://members.aolcom/NCCurrency/Currency.html

(5) AA NOTES Collectable Paper Money Site（英國）

　　http://www.aanotes.com/collecting/banknotes/frameset.htm

(6) E-Worldbanknotes.com（加拿大）

　　http://www.e-worldbanknotes.com/

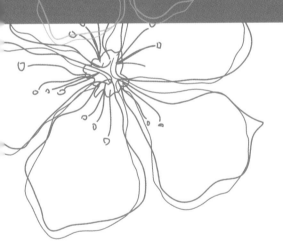

花與樹的相遇，從鈔票開始

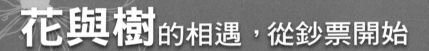

從現在起，
花與樹的意義不再膚淺，
答案將從單選變成複選。

由臺灣出發

世界各國的鈔票五顏六色，煞是美麗，
但在這美不勝收的圖案中，卻也涵蓋著
許多象徵性的意義，其中最別具意義，
且最優雅的圖案，莫過於鈔票上的各種
花卉圖形了。

這些花卉大多代表一個國家的國花，透
過花卉的圖案，將其國家所代表的人文
精神，傳達給世人，直接發揮國家名片
的作用。

中華民國八十九年製版

圖 1-1

圖 1-2

愈冷愈開花的梅花

鈔票是歷史的縮影，值得我們去深入探討。不妨先從新臺幣 100 元、200 元說起。以紅色為底色的 100 元鈔票背面是中山樓（圖 1-1），在中山樓的右上方，有數朵梅花隱隱約約地綻放著；在綠色的 200 元鈔票背面上，順著建築物的右上方，也可看到數朵美麗的蘭花正吐露著幽香（圖 1-2）。梅花是中華民國的國花，蘭花在中國也名列為四君子之一，更有「王者之香」的美名，許多國家也都以蘭花為國花，因此本章節將針對「國花」作一介紹。

每個國家都有其獨特的自然環境、文化背景、建國事蹟，所以對國花的選定也不同。國花如同國旗、國歌，亦為國家的象徵。在中國的唐朝，原本是以「國色天香」的牡丹為國花，取牡丹有富貴花的「富貴」含意，直到 1928 年，才改以梅花為國花。因為梅花「愈冷愈開花」，象徵堅忍不拔，此特質正足以代表我國在動盪不安的時代，不畏艱難、不怕逆境的精神。另外，梅花的三蕾、五瓣，更象徵著三民主義和五權憲法。

來自異域的美女──蘭花

蘭花在中國素有「王者之香」的美稱，新加坡、哥倫比亞、哥斯大黎加、巴西、貝里斯也都以蘭花為國花。1981年4月16日，新加坡宣布以卓錦‧萬代蘭為國花，暱稱為胡姬花，係指來自異域的美女、令人陶醉的意思。

卓錦‧萬代蘭是為了紀念西班牙女園藝師艾尼絲‧卓錦而命名，有「卓越錦繡、萬代不朽」之意。因為女園藝師的用心投入，才能培育出美麗的蘭花。以卓錦‧萬代蘭作為新加坡國花，也象徵新加坡人民期許自己的國家能有卓越超群的含意。

新加坡人甚至將胡姬花製作成獨一無二的鍍金飾品，除此之外，每年還將蘭花大量出口到西歐、美國、日本、香港等地，賺取大量外匯，為新加坡帶來極大的經濟效益。新加坡的胡姬花紙鈔，分別為1元（圖1-3）及10000元（圖1-4）。卓錦‧萬代蘭花瓣是淡雅的淺

圖1-3

圖 1-4
（本張幣值超過新臺幣 20 萬）

紫色，艷美而高雅，其花瓣代表新加坡國內馬來語、英語、華語、泰米爾語多種語言並存；雌雄合體的花蕊，象徵幸福；袋形角隱喻著財富匯流。加上卓錦·萬代蘭的生命力強，更能傳達新加坡人民即使在困難的環境下，仍具有勇敢跨越困境的意志力。

巴西、哥斯大黎加、哥倫比亞的國花都是一種非常迷人的蘭花──「嘉德利亞蘭」，也稱「卡多利亞蘭」，是西洋蘭花的代表，這是為了紀念英國的 William Cattley 而來，因為他花費極大的心力，以人工栽培方式促使這株蘭花成功綻放。

圖 1-5

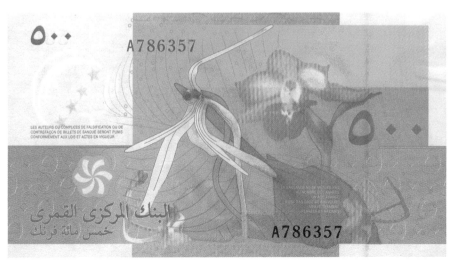

圖 1-6

嘉德利亞蘭能夠艷冠群芳,贏得國花美名,除了它有硬挺的葉子和嬌豔的花型,更因為它的花語象徵風韻華貴、出類拔萃。一到開花季節,豔麗豐盈的色彩,總能吸引世人目光,令人駐足,其耐久不凋的特性,更代表著一個民族不輕易凋敝的意涵。

圖 1-5 為哥斯大黎加的 5 元紙鈔,右有兩朵淡紫色的嘉德利亞蘭;圖 1-6 為葛摩(或譯為科摩羅)的 500 元紙鈔,栩栩如生的粉紅色蘭花,占據整張紙鈔的版面,宛如一幅美麗的圖畫。

圖 1-7 為委內瑞拉 500 元的紙鈔,「五月蘭」是其國花,生長在熱帶美洲,委內瑞拉有蘭花之國的雅稱。

圖 1-7

玫瑰花、薔薇

玫瑰花、薔薇是美國、摩洛哥、坦尚尼亞、保加利亞、羅馬尼亞、伊朗、敘利亞、伊拉克、英國、葡萄牙、盧森堡等國的國花，或許是因為它美麗高貴的外型，許多國家都以其為國花。

美國於 1986 年 9 月 23 日訂定玫瑰花為其國花，認為玫瑰花具有和平、友誼、勇氣、愛情及獻身的含意，頗符合美國精神。

英國和薔薇的淵源，可從 1272 年說起，當時的英王艾德華一世把薔薇圖案鑄在王室的徽章上，從此薔薇成為英國王室的標記。英國曾在 1455 年發生內戰，即歷史上非常著名的「薔薇戰爭」，這是因為征戰雙方分別佩戴紅色及白色薔薇徽章的緣故。這場戰爭導致英國封建制度瓦解，自此建立了君主立憲的都鐸王朝，為英國帶來日後經濟與文化的興盛。

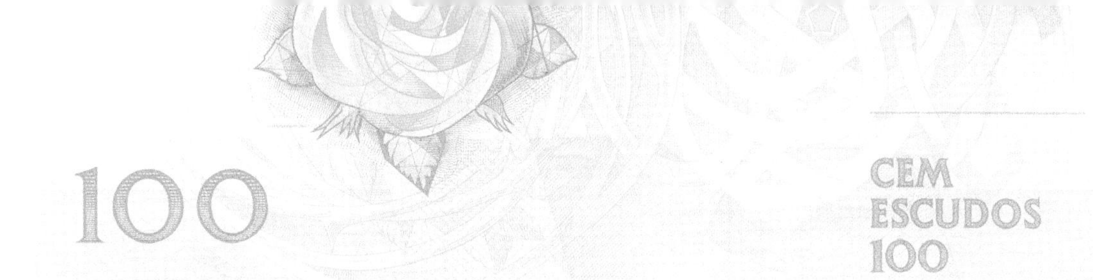
100
CEM
ESCUDOS
100

圖 1-8

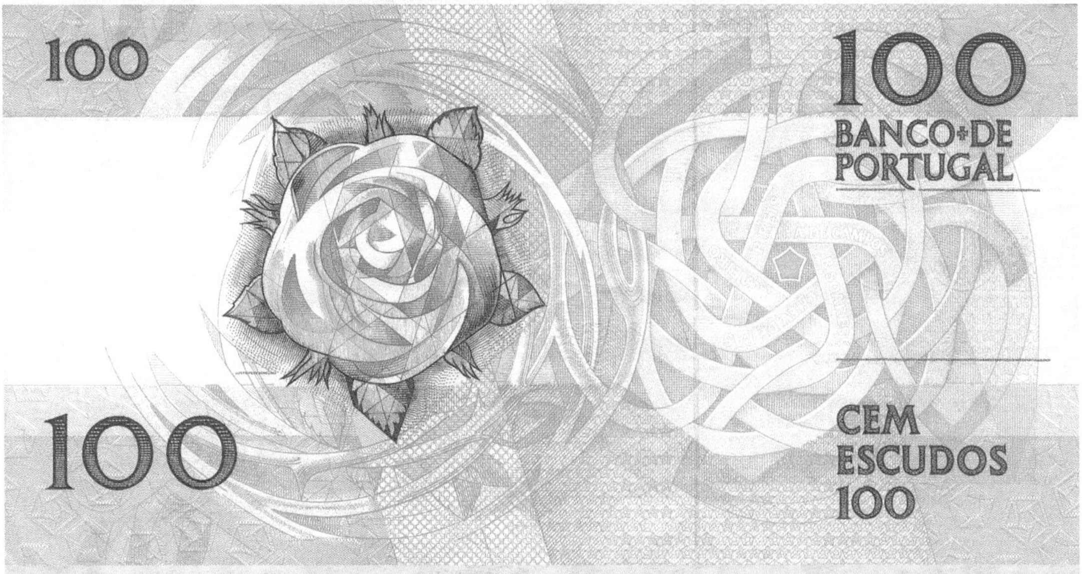
100
100
BANCO+DE
PORTUGAL
100
CEM
ESCUDOS
100

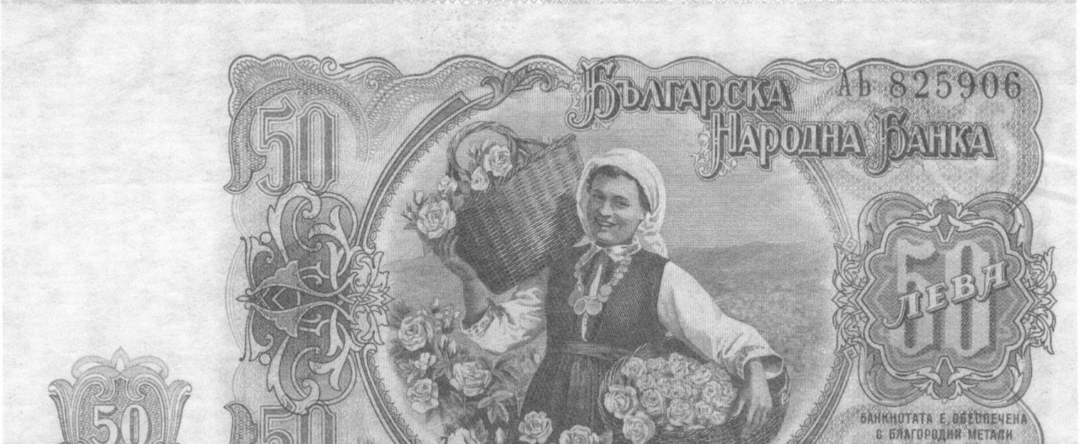
БЪЛГАРСКА
НАРОДНА БАНКА
АЬ 825906
50
50
ЛЕВА
50
50
БАНКНОТАТА Е ОБЕЗПЕЧЕНА
С БЛАГОРОДНИ МЕТАЛИ
И ВСИЧКИ АКТИВИ НА БАНКАТА
ЗА ПОДПРАВКА
ВИНОВНИТЕ СЕ НАКАЗВАТ
ПО ЗАКОНА
1951
АЬ 825906

圖 1-9

БЪЛГАРСКА
НАРОДНА БАНКА
АЬ 825906

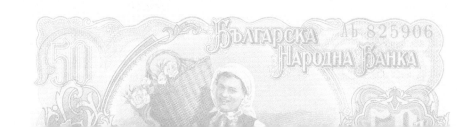

薔薇的豔麗高貴，象徵美麗與愛情；莖上的銳刺，象徵嚴肅，襯托出英國的高尚貴族氣質。

玫瑰花是葡萄牙的國花，在葡萄牙的100元鈔票背面（圖1-8），印有一朵鮮艷的橘紅色玫瑰花，這朵玫瑰花乍看之下，宛如一個羅盤，就像是葡萄牙在航海時代中標示著航海圖的中心點，為葡萄牙人民指引美麗光明的方向。

保加利亞鈔票正中央印著一幅女子採收玫瑰花的圖案，全圖透露出豐收的歡愉（圖1-9）。

傳說玫瑰花是愛神維納斯的眼淚，芬芳的花朵充滿了豐富的生命力，其豐潤濃郁的香氣，可以促使肌膚散發健康和甜美的嫵媚氣息。保加利亞盛產玫瑰花，玫瑰花在這裡不只是觀賞性植物，它所汲取而成的精油，更為保加利亞帶來極高的經濟價值。

兩千公斤的玫瑰花花瓣，只能萃取一公斤的玫瑰油，因此，玫瑰精油的價格在國際市場上比黃金還高！萃取出來的玫瑰油不能直接使用，必須經過稀釋加工後才能使用。種植玫瑰花在保加利亞已有三百多年的歷史，它已成為保加利亞的一個象徵。

吉利的象徵──百合花

尼加拉瓜、古巴、法國、智利、羅馬尼亞的國花都是百合花。17世紀，法國武士作戰的盾牌上都刻有百合花圖案，在法國文豪大仲馬的鉅著《三劍客》中，也將百合花視為吉利的象徵，隱喻著武士們有朝一日能凱旋而歸，所以法國人將百合花視為國花。

智利的國花是戈比愛百合花，其中流傳了一則令人動容的故事：16世紀，智利阿拉烏干部族在民族英雄勞塔羅的領導下，與西班牙殖民者進行一場鬥爭，正當侵略者即將敗北時，卻因一場內訌，使勞塔羅和他的三萬名戰士慘遭敵人埋伏，全部戰死疆場；隔年春天，在戰士犧牲的土地上，開遍了紅色的戈比愛百合花。智利人民認為，這是因為英雄的鮮血感召，大地才會開出如此紅艷的戈比愛百合花。

兩百年後，有人在智利看到戈比愛百合花，為其炫目色彩大感驚豔，進而把它移植到法國，但不論如何細心照顧，花朵卻總是枯萎，智利人民因此對戈比愛百合花更加珍愛。戈比愛百合花的花期很長，從早春到冬至，鮮艷不枯。一簇簇火焰般的美麗花朵，反映出智利人民鮮明堅強的民族性，更是智利人民爭取獨立自由的象徵。

羅馬尼亞的1000元紙鈔（圖1-10），上面印有百合花圖案。

圖 1-10

CB 0021614

圖1-11

雞蛋花———永遠的夏天

開花的週期為每年的 4 月起,並延續到 11 月或 12 月,因花冠部分潔白,且花心為黃色,猶如蛋白與蛋黃而擁有雞蛋花的美稱,其別稱還有「緬梔」、「鹿角樹」或「番仔花」,圖 1-11 寮國的 100000 元紙鈔,中下側印有雞蛋花圖案。

印加魔花———向日葵

向日葵的英文名字是 Sunflower,即太陽花,原產於中美洲、祕魯。祕魯將向日葵定為國花,係因祕魯是向日葵的故鄉,它還和一個傳說有關:西元 12 世紀,曼科 · 卡帕克率領一群人往日出之處出發,最後在祕魯高原創建了印加帝國。印加帝國的語意即是「太陽的子孫」。另外,玻利維亞及俄羅斯也都尊向日葵為國花。

在祕魯,向日葵用來供奉神祇,也作為女祭司胸牌、髮冠上的裝飾。向日葵也被稱為「祕魯黃金花」,每年為期九天的「太陽節」,更以向日葵為主要象徵花卉,他們讚譽自己的國家為「太陽國」,稱向日葵為「印加魔花」、「迎陽花」,祕魯人甚至將該國的貨幣稱為「太陽幣」。圖 1-12 為祕魯的 10 元鈔票,以向日葵豐收的景象,來代表祕魯的生生不息。

荷蘭的 50 元紙鈔上印有美麗的向日葵圖案（圖 1-13），黃澄澄的色彩極度鮮艷奪目，如同一張美麗的明信片，一點都不像是流通的貨幣，這在世界各國所流通的紙鈔中是比較罕見的。

圖 1-12

圖 1-13

「花」非「花」，
「樹」非「樹」，
原來花有所指，
樹也有所喻！

zonnebloem

de nederlandsche bank
vijftig gulden

圖 1-14

無窮花——木蘭花

北韓的國花是木蘭花（南韓是木槿花），花期很長，從春天開到秋天，一花凋落，一花又開，因此又名「無窮花」。北韓即以它這種特質，來代表大韓民族雖然歷經萬劫，但仍能堅強挺立的精神。而其潔白的花瓣象徵大韓民族誠實廉潔的品格，粉紅色的蕊心則代表大韓民族熱情積極的民族性。

圖 1-14 為北韓的 200 元紙鈔，在紙鈔的正中央有三朵美麗的木蘭花，象徵朝鮮民族的長久繁榮。

圖 1-15 為南韓的 1000 元紙鈔，人像背後之「明倫堂」左上即為木槿花。

圖 1-15

圖 1-16

美麗三月雪──櫻花

日本有「櫻花之國」的美稱，而「木花開耶」也代表櫻花之意。一千多年前有位名為「木花開耶姬」的美麗姑娘，從日本的沖繩出發，到達北海道，把象徵愛情和希望的櫻花撒遍各地；自此，春天一到，有櫻花的地方都能為人帶來希望。

櫻花花開，一開始是數朵，當天氣暖和時，滿樹櫻花便瞬間盛開，櫻花要滿開，通常是從一朵花開後過 7 天，而滿開也只能維持 6 天。日本人喜歡櫻花的純潔典雅，更欣賞它那毫不遲疑的開謝過程，意識著人到高峰，就要急流勇退；武士將櫻花的瞬開瞬落當作「視死如歸」的氣概，敗北的武士會選擇在櫻花樹下切腹自盡。在日本人的觀念裡，認為人生和櫻花一樣短暫，生與死都應該是一場轟轟烈烈的事蹟。

櫻花與富士山都是日本人重視的典範，也是民族精神的象徵。圖 1-16 是日本的 1000 元紙鈔，鈔票的左上方是富士山，而左下方則是日本國花──櫻花，兩者都極富日本精神。

復活之神——蓮花

泰國、孟加拉、斯里蘭卡、埃及的國花都是「睡蓮」，睡蓮是世界最早的被子植物之一。文獻顯示，已有一億五千萬年以上的歷史。睡蓮可依開花時間分為兩大類，有清晨開花，下午合上的晝開睡蓮；以及晚上開花，到隔天上午合上的夜開睡蓮。古埃及、古印度文化中，都有關於睡蓮的記載。

古埃及人將蓮花當成親友互贈的物品，也將蓮花刻印在日常用品上，作為一種美麗的飾物，甚至帳篷布面、屋宇牆垣和柱子都有蓮花圖案。古埃及人認為蓮花出淤泥而不染，花香淡雅悠遠，是神靈之花；它更是「復活之神」，能讓人起死回生，因此木乃伊身旁都會放置蓮花；根據古埃及傳說，蓮花代表愛情忠貞，智慧之神托特的妻子埃赫‧阿慕納曾經獻一束蓮花給丈夫，以表示她忠貞的愛情。

下方是孟加拉的 1 元紙鈔（圖 1-17），紙鈔背面的圓形圖案中有一朵在水中盛開的蓮花。

圖 1-17

圖 1-18

史上最具影響力的植物──罌粟花

罌粟花別稱鴉片花、大煙花，又因其種子似米狀而稱御米、米囊花。罌粟原產於歐洲，在唐朝時經由大食人進貢而傳入中國。學名為 Papaver，其字首 Pap 在拉丁語中有「會分泌乳白色樹液的植物」之意；種名則是由拉丁語 Somnus（睡眠之意）而來，係指它的乳汁含有極強的麻醉作用。花有其藥用價值，罌粟傳入中國後，即以藥草植物為人所栽植，大多用來作為止痛、止瀉和潤腸劑。

圖 1-18 為馬其頓共和國的 500 元鈔票，其中的圖案是製造鴉片的罌粟花，主要是彰顯該國國王亞歷山大於西元前 332 年征服西亞的豐功偉業，他將罌粟與鴉片傳入波斯與印度，使之成為歷史上最具影響力的植物之一。

圖 1-19

籬笆樹──金合歡

金合歡英文名是 Sweet Acacia，金合歡屬的植物多達 700 種，澳洲人通稱為金合歡樹。金合歡有羽狀複葉，花絲細長，花季一到，滿樹簇集而生的花苞就像金黃色的絨球。金合歡是一種高經濟價值的樹種，其花朵可提煉成芳香精油，是香水或化妝品的原料，花朵曬乾後可製成花茶；果莢、樹皮含有單寧，可作為染料；莖中流出的樹脂可供藥用；根部長有根瘤菌，可增加土壤肥沃度。

金合歡又暱稱「籬笆樹」。因為在澳洲首都坎培拉市，家家戶戶都用金合歡樹作成籬笆，每逢花季，一片金黃翠綠的花海立即成為屋前美景。1981年 9 月，在澳洲雪梨市加開的第十三屆國際植物大會上，主辦單位以一枝嬌豔的綠色金合歡作為大會象徵，不論是發給貴賓的紀念品、論文摘要和日程表，甚至連工作人員的服裝上都有金合歡的圖騰。

澳洲 5 元鈔票的正面是伊麗莎白二世，肖像的左方即為澳洲國花──金合歡（圖 1-19）。

夏威夷女郎的最愛──扶桑花

扶桑花是馬來西亞國花，當地人稱為「大紅花」，花朵鮮豔奪目、妊紫嫣紅，內五瓣，外五瓣，喜歡日照充足的環境，是典型熱帶花卉。扶桑花適合擺設於客廳及入口處，也是夏威夷的州花，夏威夷女郎常將其佩戴在耳朵上，更添嫵媚動人。

圖 1-20 為馬來西亞的 50 元鈔票，醒目的紅色扶桑花讓人為之驚豔。

圖 1-20

除了美麗的花朵可以象徵一個國家的精神含意，雄偉的樹木亦可代表國家的精神象
徵，我們姑且稱它為國樹吧！例如，黎巴嫩的國樹是雪松，印度是菩提樹，墨西哥
是仙人掌，加拿大是楓樹，紐西蘭是銀蕨，緬甸是柚木，馬達加斯加是旅人樹。

國樹

圖 1-21 為獅子山（或譯塞拉利昂）的 10000 元紙鈔，鈔票上印有非洲獅子山的國
樹──棉花樹（cotton tree），該樹象徵自由。它是觀賞用，不能食用，其果實產生
之棉絮可製作棉被。

圖 1-21

仙人掌

神祕多刺的仙人掌，是墨西哥的國樹，走在墨西哥的大街小巷中，隨處都可看到仙人掌，或是與仙人掌相關的生活用品，因此墨西哥素有「仙人掌王國」的美稱。

墨西哥有一則關於仙人掌的故事：多年前，異族入侵墨西哥，一位母親被殺，深受喪母之痛的兒子為了替母親報仇，卻不幸被捕，心臟還被挖出來丟棄在地上；不料這顆心卻長出一大片仙人掌，故事中的母親象徵墨西哥，而仙人掌則代表著墨西哥人威武不屈的氣魄，所以仙人掌在墨西哥人心中有長青不凋的含意。在墨西哥的國旗、國徽和紙鈔上，都繪有一隻雄鷹，牠叼著蛇，並傲踞於仙人掌上。圖 1-22 正是墨西哥的 5 元紙鈔。仙人掌的莖可以釀造墨西哥名酒——龍舌蘭酒。

筆者及其妻在墨西哥與巨無霸仙人掌合影。

圖 1-22

上帝之樹——雪松

在黎巴嫩的國旗、國徽、紙鈔中都挺立著一株綠色大樹，這是黎巴嫩國樹——雪松。在黎巴嫩 100 元紙鈔的背面印著一片雪松林，正中央的這棵雪松樹幹粗壯挺直，樹冠是三角形，像尖塔的形狀，秀麗中更顯剛勁肅穆。

雪松（學名 Cedrus libani）是常綠喬木，樹型高大，在黎巴嫩人民心中占有極重要地位。黎巴嫩是地中海東岸的山中小國，境內多山且長年積雪，這裡山高霧濃適合雪松的生長，所以古埃及人把黎巴嫩山區稱為「雪松高原」。首都貝魯特附近的雪松公園，可欣賞到雪松的勁拔高聳。這座公園位於海拔二千多

公尺的山頂，園內遍植雪松，其中六千多年樹齡的雪松有數十株之多。《聖經》中把雪松稱為「植物之王」，古代的腓尼基人則認為雪松是上帝所栽種的植物，因此稱它為「上帝之樹」或「神樹」。

雪松也是上等的建築材料之一，它的木質堅硬、紋路美麗、抗腐性強、耐蟲咬，具有淡淡的清香。在古埃及、亞述、以色列、巴比倫的宮殿和神廟裡，都可見到雪松的蹤跡。雪松也是造船的上好木料，腓尼基人能航海到各地經商，除了有豐富的航海知識外，或許也和他們使用雪松造船有關！雪松木質堅硬，在大海裡航行更有保障，根據史料

圖 1-23

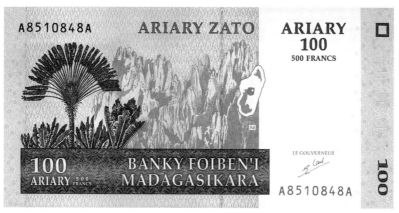

圖 1-24

圖 1-25

記載，在西元前 2500 多年前，埃及人建造了一艘著名的太陽船，就是用雪松建造的。此外，雪松還參與了古埃及人的宗教儀式，從考古史料中發現，作為法老殉葬品用的船隻或船槳，都用雪松製作，因此又被稱為「死者的生命」。

圖 1-23 為黎巴嫩的 100 元鈔票，鈔票上的雪松反映了黎巴嫩人民挺拔強勁的民族性。

圖 1-24 是馬達加斯加國樹──旅人蕉，筆直樹幹上有堅硬濶葉，可供旅人納涼，葉子或樹幹折下或劃割，汁水湧出任人暢飲，消除旅途口渴。

圖 1-25 是緬甸國樹──柚木，它木質堅硬，代表堅強不屈的民族精神，柚木紋理美觀，不易斷裂、不會酸蝕，是建築與傢俱之上品，暢銷全球。

國父與國王，刻下光榮的勳章

2

有人只當了三年的皇帝，
有人則以女流之姿開疆闢地，
也有人用絕食換取自由的意義，
更有人拋開顧忌，讓政權和平轉移，
藉由鈔票這個場記，記錄這些歷史大戲。

中華民國的國父是孫中山,印尼是蘇卡諾,馬來西亞是東姑阿都拉
曼,美國是華盛頓……他們不朽的精神,正足以為人民表率,接下
來,就透過鈔票來認識各國國父吧!

圖 2-1

11 次革命催生中華民國

中華民國國父孫中山,1866 年出生於廣東省,幼年接受私塾教育,
1879 年赴檀香山就讀當地教會學校,接受西方教育的薰陶,自此開啟
他民主與進步的思維。在清朝政府腐敗及遭受西方帝國主義欺凌的種
種矛盾環境下,孫中山決定投身革命事業,歷經 11 次革命,終於在
1911 年 10 月 10 日,一舉推翻滿清帝國,孫中山被推選為中華民國
臨時政府大總統,中華民國正式產生。

大道之行也，天下為公，

選賢與能，講信修睦。

故人不獨親其親，

不獨子其子，

博愛

1918 年，孫中山先生辭去大元帥一職，陸續完成「孫文學說」及「實業計畫」等重要著作。1921 年，孫中山先生被推舉為非常大總統。1925 年，孫中山先生應邀北上共商國事，同年 3 月 12 日病逝於北平，享年 59 歲。1940 年，國民政府通令全國人民尊崇孫中山先生為中華民國國父，為他的一生努力留下光榮的勳章。

圖 2-1 是新臺幣 100 元紙鈔，右側印有國父孫中山先生的肖像，主要是為了紀念孫中山先生創建中華民國所付出的心血；鈔票上隱約可見「博愛」兩個大字，最角落處也印上《禮記‧禮運》：「大道之行也，天下為公」等文字。藉此緬懷國父創建中華民國，為民主所作出的貢獻。

曾是英雄，卻抑鬱而終

蘇卡諾（Bung Sukarno,1901~1970）是印尼的國父，也是第一任總統。1926年，他提出著名的「三元」（民族主義、伊斯蘭教、馬克思主義）聯合理論，以此作為團結各政治團體的最高指導原則，領導印尼人民在 1945 年 8 月 17 日獲得獨立，並就任為印尼的第一任總統。執政期間，他又倡導「納沙貢」（NASAKOM，印尼語之民族主義、宗教和共產主義等三字字首），以求在印尼實現民族主義、宗教信仰和共產主義的團結。

PD.GU

PERTJETAKAN KEBA

蘇卡諾外型瀟灑，善於演說，其革命演說極具感召力，關於他的私生活也有各種軼聞和故事，傳說他至少結過 6 次婚，第三任為日本影星黛薇（Dewi）。在大型群眾集會中，他是眾人注目的英雄，但卻不擅治國，在其主政時期，印尼政局動盪、經濟不景氣，政府對經濟問題束手無策，甚至爆發嚴重的政治危機。最後，他在外國勢力和印尼右派勢力的威脅下黯然下臺，最後被幽禁，抑鬱而終，他的女兒嘉娃蒂在 2001~2004 年擔任印尼總統。

圖 2-2 的印尼 500 元紙鈔，即以蘇卡諾為主角，主要為感念他對印尼的貢獻。

圖 2-2

圖 2-3

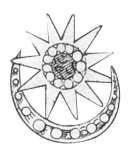

「華印巫聯盟」的首勝為獨立奠基

東姑阿都拉曼（Tunku Abdul Rahman, 1903~1990）
為馬來西亞的國父，他耗費半生心力，才讓馬來西亞
脫離英國的統治而獨立。

在歷史上，馬來半島曾歷經葡萄牙、荷蘭、英國、日
本等國的統治。英國於 1950 年允許馬來西亞實施地
方議員選舉，一直到 1955 年，馬來西亞才正式舉行
全國大選，由東姑阿都拉曼所領導的「華印巫聯盟」
獲得勝利，東姑阿都拉曼因此成為馬來西亞第一任首
相，繼續帶領馬來人民奮鬥，終於在 1957 年 8 月 15
日，馬來半島的十一州正式與其宗主國──英國協議
獨立，從此脫離英國統治，享有真正的獨立。

圖 2-3 是印有東姑阿都拉曼肖像的馬來西亞 1 元鈔
票，顯示他在馬來人民心中的重要。

印有胡志明雕像的明信片,他是越南人民心中最想介紹
給遊客的偉大英雄。

一生顛沛流離，只為越南獨立

胡志明（Hồ Chí Minh, 1890~1969），原名阮必成，參加革命初期改名阮愛國。1858 年，法國軍隊入侵後，越南淪為法國殖民地。1941 年，胡志明成立「越盟」對抗法國政府，因一再被壓制，而轉入地下活動，不久後逃離越南。第二次世界大戰時，日本利用法國大軍敗逃之際趁隙占領越南。1944 年，胡志明潛回北越，發動民眾組織武裝游擊隊；日本投降後，宣布越南獨立，接著又成立「越南民主共和國臨時政府」。不久，法國再次攻陷越南的河內，胡志明被迫逃入山區藏匿。

1954 年，越共終於打敗法國，取得最後勝利，並簽署日內瓦停戰協定，以北緯 17 度將越南分隔為南、北越；北方為胡志明領導的「越南民主共和國」，南方為吳廷琰領導的「越南共和國」。

胡志明為越南的獨立貢獻其一生，越南的 1000 元紙鈔上印著他的肖像（圖 2-4），越南人民也以國父來尊稱這位民族英雄。

圖 2-4

圖 2-5

政治與宗教的混亂鬥爭

穆罕默德・阿里・真納（Muhammad
Ali Jannah,1876~1948）以畢生精力創
建了巴基斯坦，是巴基斯坦民族獨立運
動的領袖，也是巴基斯坦首任總督及第
一位總統，他的生日更是巴基斯坦的國
定假日。

巴基斯坦於 1947 年建國，一切從零開
始，當時有可能朝著兩個不同方向發
展：其一，成為民主國家；其二，成為
一個伊斯蘭酋長國。最後，巴基斯坦既
沒有成為民主國家，也沒有成為神權國

家或是永久的軍事專政，它的政治發展
過程反而變成一部殘酷的鬥爭史。有許
多反對者認定巴國今日的混亂是因為真
納沒有在關鍵時刻當機立斷，做出明確
的選擇，甚至試圖將兩者混為一體，因
而引發了政治、法律和宗教的混亂場
面，造成今天巴基斯坦的現狀。

巴基斯坦的紙鈔上幾乎都印著穆罕默德・
阿里・真納的肖像，圖 2-5 是巴基斯坦
的 100 元紙鈔，紙鈔上的人物即是這位
頗具爭議性的領袖。

天才戰術家的革命思維

土耳其在中世紀為奧圖曼帝國，曾雄霸一方，到 19 世紀末卻淪為西方列強瓜分的殖民地。在這混亂的時期，穆斯塔法・凱末爾・阿塔圖爾克（Mustafa Kemal Atatürk,1881~1938）組織一群青年軍團，倡導革命思維，卻不幸遭人密告而被逮捕。1907 年，凱末爾脫離監控的生活後，發展青年土耳其黨，在第一次世界大戰時，展現了卓越的軍事才能，被稱為天才戰術家。1923 年，土耳其共和國成立，凱末爾當選為共和國第一任總統。

凱末爾擔任總統後，實行一系列政治、經濟和社會改革，使土耳其的民族復興之路漸趨平坦，土耳其國民議會為表揚凱末爾的巨大貢獻，授予「阿塔圖爾克」為其姓氏，意思是「土耳其之父」。

下圖是土耳其的 100000 元的紙鈔（圖2-6），上面印著凱末爾的肖像，銘刻偉大貢獻。

圖 2-6

世界民主先驅者

喬治‧華盛頓（George Washington, 1732~1799）被譽為「世界民主的先驅者」，也是第一個現代民主國家的首任總統，被尊稱為美國國父。華盛頓領導美國大軍在 1775 年 7 月參加獨立戰爭，他為美國人民取得民主獨立後，便功成身退放下軍權，返家務農。

1789 年，華盛頓當選為美國第一任總統。1796 年 9 月 17 日，他發表了感人的「告別詞」，要人民以國家利益為重，不要再捲入不必要的戰爭，他還表示不再出任總統，開創了美國歷史上摒棄終身總統制，和平轉移權力的典範。

美國聯邦黨國會議員亨利‧李稱讚華盛頓：「他是戰爭中的第一人，和平中的第一人，他的同胞心中的第一人。」美國的 1 元紙鈔上保留著華盛頓的肖像（圖 2-7），表達全美國上下對華盛頓的尊敬與愛戴。

圖 2-7

圖 2-8

拉丁美洲最偉大的英雄

委內瑞拉位於南美洲北部，為南美洲第六
大國。委內瑞拉歷經幾次分崩離析後，於
1821 年獲得獨立，這一切都要感謝被譽
為拉丁美洲最偉大的英雄──西蒙博利瓦
（Simón Bolívar, 1783~1830）。是他帶領
人民對抗西班牙侵略者，並且與哥倫比
亞、厄瓜多爾共組大哥倫比亞共和國，不
久，委內瑞拉在 1830 年退出共和國，才
真正地獨立。

圖 2-8 是委內瑞拉的 5 元紙鈔，左側為西
蒙博利瓦的肖像，右側是其愛將蘇克雷的
肖像，當選過玻利維亞第一任總統。

圖 2-9

驅逐侵略者的胡亞雷斯

以陽光、熱情聞名的墨西哥，曾經是美洲大陸的文明古國，在 16 世紀西班牙人登陸前，為印地安阿茲特克帝國所統治，當時的帝國擁有進步的天文、曆法與建築技術，直到如今，我們仍可在墨西哥國土上發現當時的文化遺跡。

實際上，墨西哥人民爭取獨立的過程，是一部坎坷又辛酸的血淚史。歷經西班牙的高壓統治後，墨西哥人民在 1810 年，為了爭取獨立，曾經和西班牙殖民者進行一場獨立戰爭，但是獨立後的墨西哥，其國土卻漸漸縮小，有些土地還被廉售出去，或直接割讓給美國。在 1860 年代，墨西哥又被法國軍隊占領，幸好在墨西哥英雄貝尼托‧胡亞雷斯（Benito Juárez,1806~1872）的領導下，墨西哥人民終於一舉趕走了侵略者，從此獲得獨立，而胡亞雷斯也被尊為墨西哥國父。

圖 2-9 為墨西哥的 20 元紙鈔，紙鈔右邊印著胡亞雷斯的肖像，紀念他為墨西哥所貢獻的一切。

造就三個獨立自由國家的英雄

聖馬丁（San Martin, 1778~1850）是阿根廷、智利和祕魯三國的共同國父，是一位特別的英雄。他的父親是兵團司令，聖馬丁 14 歲時前往西班牙學習軍事，學成後經英國再回到出生地阿根廷拉普拉塔的亞佩尤，之後他一舉推翻西班牙殖民政府，更解放阿根廷，讓阿根廷在 1816 年宣告獨立。

稍後聖馬丁再整軍攻下今天智利的首都聖地牙哥，也解放了今天的智利，依照過去歷史戰爭的慣例，被征服的領土是要被併吞的，但聖馬丁是一個心胸寬闊的偉大英雄，他不但沒有併吞智利，還花費不少心力扶植其獨立，讓當地居民得以呼吸自由民主的空氣。

接著聖馬丁從智利組成艦隊往北邊遠征，在遠征中又解放了祕魯，再次締造了另一個新興獨立的國家。聖馬丁因此成為阿根廷、智利和祕魯三國共同的國父。下圖是阿根廷的 5000 元紙鈔（圖 2-10），上面為聖馬丁肖像，感念他造就了三個獨立自由的國家。

圖 2-10

甘地紀念館

將甘地捧在手心上的印度

甘地是印度民族解放運動的偉大領袖，也是「甘地主義」的創立者。甘地一生飽經憂患，他出生時，印度正處在被英國統治的慘烈環境下。甘地生長在一個虔誠的印度教家庭，全家人信奉仁慈、茹素、苦行的教條。19歲時，他冒著被開除種姓身分的風險，遠渡重洋，負笈英國倫敦求學。

在印度全民反英的激烈形勢下，甘地率先發動群眾，抵制殖民政府設立的立法機構、法院、學校、封號與洋貨，稱為「非暴力不合作運動」。之後，擴大為全民反帝國主義。甘地一生都為維護印度統一而努力不懈，最後卻只能接受讓印度分治。印度獨立後，甘地雖然獲得印度人民和國大黨的推崇，他卻因大權旁落，非暴力理想被束之高閣。印度分治後，宗教仇殺讓印度陷於更混亂的局面。甘地利用自己的威望與絕食運動平息了教派仇殺，但卻死在一位狂熱印度教徒的槍口下，成為教派衝突的犧牲品。

印度的鈔票上幾乎都印著甘地的肖像，圖2-11的500元紙鈔就是最佳的寫照。因此，我們也可以說廣大的印度民眾是以另一種形式將印度這位國父捧在手心上。

圖 2-11

48

冰島國父兆恩 · 西古德森

冰島國父、獨立運動的領導者兆恩 · 西古德森 (Jon Sigurdsson, 1811-1879)。

冰島原為丹麥屬地，在 19 世紀中葉於兆恩 · 西古德森 (Jon Sigurdsson) 領導下，以民族主義號召要求獨立，1849 年丹麥准以自治，爾後冰島獨立，尊其為國父。

圖 2-12
2001 年版 /500 克朗

南非國父曼德拉

納爾遜 · 曼德拉 (Nelson Mandala, 1918~)，曾於 1993 年獲諾貝爾和平獎，為首位南非黑人總統，被譽為南非國父。

被尊稱為南非國父的曼德拉 (Nelson Mandala) 在從事律師工作，目睹南非的種族隔離政策，挺身反抗，被下獄 27 年，在國際輿論壓力而釋放。在黑人心目中，成為國家英雄。在 1994-1999 年當任首位黑人總統。

圖 2-13

民主國家之締造者人稱「國父」,但在
君權國家「國王」神授說,二者都地位
崇高,是萬民膜拜,讓我們看看鈔票上
過去的君王及現存之皇帝,有何事蹟
呢?

圖 2-14

在位僅三年的末代皇帝

中國最後一個皇帝是清朝的宣統皇帝
溥儀(1906~1967)。溥儀一生充滿傳
奇,因為慈禧太后和光緒皇帝同時生重
病,為了不讓權力重心轉移,才立 3 歲
的溥儀為帝,但三年後,辛亥革命爆
發,中華民國成立,滿清帝國瓦解。幾
經輾轉,長大成年的溥儀被分派到北京
植物園工作,後調入文史資料研究委員
會任專員,1967 年,病逝於北京。

圖 2-15

溥儀只當了三年的皇帝,在這期間,清
朝政治全由他的父親攝政王載灃決定,
載灃雖然每天召見大臣商討國事,親自
批閱奏章,但當時局勢內憂外患,載灃
的力量始終無法施展,清朝也在迅速凋
零中。

1910 年(宣統二年),滿清政府為統一
全國幣制,決定印製大清銀行兌換券,
並重金禮聘美國雕刻技師負責設計。這
是中國第一次採用鋼板凹印刷設備印
鈔。此套大清銀行兌換券數量非常少,
民間更為罕見。

圖 2-16

圖 2-17

上圖四張都是大清帝國的紙鈔，每張紙鈔的面額都不同，分別為 100 元（圖 2-14）、10 元（圖 2-15）、5 元（圖 2-16）、1 元（圖 2-17），上面都印有皇帝溥儀的父親載灃肖像。載灃或許在內憂外患下無法施展鐵腕，但從上面幾張鈔票的色澤、設計，可看出載灃對鈔票的印製及發行花了不少心思。

巴勒維王朝圖騰

感情與政治一樣精彩的巴勒維

穆罕默德‧禮薩‧巴勒維（Reza Pahlavi,1919~1980）是伊朗君主制的最後一任國王，他曾在英、美等國接受西方教育。1941 年登基為王，他統治伊朗期間，自英國手中拿回石油開採權，使伊朗石油國有化，及進行一連串的經濟和社會改革的「白色革命」，以期讓伊朗進入現代化國家之林，完成了許多重大政績。

但在 1979 年 1 月，穆罕默德‧禮薩‧巴勒維因為個人生活太過奢華，加上他敵視伊斯蘭宗教勢力，而引起低下階層民眾和伊斯蘭教徒的不滿，因而爆發了反對王室的抗議行動，導致整個王朝被推翻，穆罕默德‧禮薩‧巴勒維被迫逃往美國，翌年 7 月 27 日，病逝於埃及的開羅。

巴勒維一生娶了三個妻子，分別是埃及公主佛絲亞（Fawzia bint

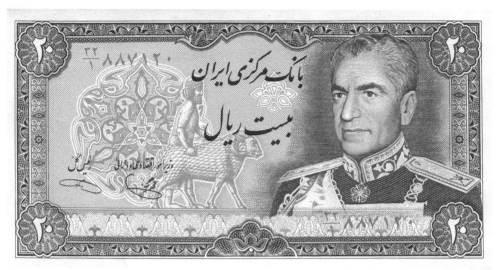
圖 2-18

圖 2-19

Fuad）、伊朗望族之女蘇瑞亞（Soraya Esfandiary）和法拉 · 黛巴
（Farah Diba）；知名電影《蘇瑞亞：悲傷的公主》就是取材自巴勒
維和摯愛的第二任妻子蘇瑞亞的愛情故事。

上方是伊朗 20 元紙鈔，鈔票的正面（圖 2-18）與背面（圖 2-19）都
印有這位英俊的國王肖像。

彼得大帝銅像

最具西方思想與遠見的彼得大帝

俄國最具西方思想和遠見的沙皇是彼得
大帝（1672~1725），他所制定的西化
政策使俄國一躍成為一個強國。他的先
見之明改變了歷史，如果沒有彼得大
帝，土耳其當時就會想盡辦法把蘇聯境
內的東亞地區納入自己的版圖，成為威
脅蘇俄存亡的強國。

圖 2-20

彼得大帝儀表非凡、精力充沛，但他
飲酒過後常會大發雷霆，失去理智，
也因此彼得雖然在政治和軍事極富才
能，但私生活卻留下諸多遺憾：彼得
結過兩次婚，第一次婚姻在 17 歲，
甜蜜生活不過一週，就將新婚妻子送
進修道院，雖育有一子亞歷克西斯，
但父子關係惡劣，亞歷克西斯在 1718
年被捕入獄，最後死在獄中。第二任
妻子，係出身寒微的立陶宛女子凱薩
琳。1725 年初，彼得大帝去世後，凱
薩琳竟然繼承了沙皇的位子。（與後來
的凱薩琳大帝並非同一人。）

這張 500 元的俄國紙鈔，面積長 29 公
分，寬 13 公分，是世界上最大的鈔票
（圖 2-20）。

圖 2-21

以女流之姿再造帝國顛峰

凱薩琳二世（1729~1796），原是德國北部小邦的公主，透過兩國聯姻政策，於1744年嫁給俄羅斯王儲彼得三世；她在丈夫即位一年後，便發動一場驚天動地的宮廷政變，以取而代之。她在位34年，傑出的政治成就常被拿來與彼得大帝相提並論，在歷史上又稱為凱薩琳大帝。

凱薩琳在武功上，延續彼得大帝的西化政策，對外發動好幾場轟轟烈烈的戰爭，締造了「俄羅斯帝國」的極盛時期，讓俄國版圖不斷擴大，並躋身歐洲列強之林。在文治上，凱薩琳引進西方文化、藝術、音樂、思想，並鼓勵出版創作，使聖彼得堡的人文藝術氣息濃厚。但法國外交官在讚嘆凱薩琳收藏藝術品之餘，卻也譏諷她只會純然模仿歐洲、全盤西化，而完全忽略了俄羅斯本身的文化傳統。

圖2-21即為印有凱薩琳大帝肖像的100元紙鈔。

當今在位最久的國王

蒲美蓬‧阿杜德（Bhumibol Aduly-adej）是當今世界在位時間最長的國王，也比中國五千年歷史任何皇帝要久（康熙、乾隆均 60 年）。1927 年於美國麻薩諸塞州出生，是泰國前任國王——拉瑪八世阿南塔之弟；1946 年 6 月 9 日，前任國王遭到暗殺後，蒲美蓬繼承王位，為拉瑪九世；同年 6 月，他又赴洛桑繼續學業，至 1951 年 12 月才正式回國接任王位。

泰皇蒲美蓬在位大大超過六十年；這六十多年中，泰國歷經 19 次政變、20 位總理、48 屆內閣，在變幻莫測的時局中，蒲美蓬憑藉其過人的膽識與智慧而屹立不搖。他陪伴著泰國人民歷經諸多磨難，一直是人民心中的庇護之神，因此廣受泰國人民愛戴。他是一位文武雙全的國王，精通多國語言、出版著作、獲得音樂博士學位，還獲得多項歐洲發明獎，更是快艇和風帆好手，曾代表泰國參加國際快艇賽，亦曾駕風帆橫渡泰國灣。

泰國發行的紙鈔上有好幾張都印著這位國王的肖像，其中 20 元的綠色紙鈔上是泰皇蒲美蓬年輕時的肖像（圖 2-22）；60 元方形紙鈔（圖 2-23）的發行，是為慶祝泰皇 60 歲誕辰，黃色 60 元紙鈔（圖 2-24）的發行，則是為了慶

圖 2-22

圖 2-23

祝蒲美蓬在位滿六十週年。圖 2-25 為
《蒲美蓬國王誕辰 84 週年》紀念鈔，
於 2011 年 12 月 2 日發行，在 84 週年
發行原因為泰國係以 12 為一個週期單

位（60, 72, 84, 96），因此在誕辰 84 週
年時發行了此張紀念幣。

圖 2-24

圖 2-25

擅於創造幸福的國王

世界上最英俊的國王是不丹的國王——旺楚克，他將這個位在喜馬拉雅山山麓的小國，打造成人民幸福指數 TOP 10 的國家，這裡的人民 GDP 只有 700 多美元，但他們卻感覺生活很幸福。值得一提的是，這位英俊的國王娶了四位美麗的王妃，她們全來自同一個家庭的親姊妹。

旺楚克國王創造的「不丹模式」及其提出的「國民幸福總值」（GNH）理論受到國際社會高度關注。所謂「不丹模式」，就是注重物質和精神的平衡發展，將環境與傳統文化的保護置於經濟發展之上；政府甚至規定每人每年最少要種植 10 棵樹，使得不丹原始森林的覆蓋率在亞洲排名第一，獲得聯合國環保署的「地球衛士」獎。

2008 年，旺楚克國王宣布退位，把王位傳給長子基沙爾。這位新王生於 1980 年，身高逾 1.8 公尺，英俊挺拔，在美國波士頓大學和英國牛津大學完成學業後回到不丹，深受國內人民愛戴。

不丹的紙鈔上都印有旺楚克國王父子的英俊肖像，圖 2-26 和圖 2-27 的紙鈔為老國王的肖像，圖 2-28 和圖 2-29 則是新國王。不論是哪位國王，他們在不同鈔票顏色的襯托下，同樣散發出迷人的魅力風采。

圖 2-26

圖 2-27

圖 2-28

圖 2-29

圖 2-30

不可思議！國王竟被降為平民

尼泊爾是南亞喜馬拉雅山南麓的內陸小國，地處偏遠，與外界接觸不易，人民的生活仍處在農業社會。沙阿王朝從 1769 年就開始統治尼泊爾，大部分國民信奉印度教，全國瀰漫著濃厚的宗教氣息。國王被認為是印度教三大神之一的化身。長久以來，國王除了處理政治，在宗教和社會事務上皆具有舉足輕重的地位。

2001 年 6 月 1 日，尼泊爾王宮發生震驚國際社會的慘案，當晚皇室舉行一次重大家庭會議，否決了皇儲迪彭德拉想娶前政府部長女兒為妻的請求，婚姻不被祝福的迪彭德拉竟在晚上十時四十分闖進王宮，展開一場激烈的抗議行動。他手持槍械擊斃了 10 多位王室成員。血案之後，由已故國王比蘭德拉之弟賈南德拉（Gyanendra）繼承王位，成為沙阿王朝第 12 代君主。

賈南德拉在位期間極為短暫；2005 年，賈南德拉因解散政府、獨掌大權，使得支持率跌到谷底。2008 年 5 月 28 日，尼泊爾制憲會議舉行第一次會議，宣布廢除君主制，改為聯邦民主共和國，取消對國王賈南德拉的特別待遇，甚至將他降為平民。從此，尼泊爾的國王走入歷史。

圖 2-30 的尼泊爾 1 元紙鈔是已故國王比蘭德拉的肖像，10 元紙鈔則是尼泊爾最後一任國王賈南德拉的肖像（圖 2-31）。

尼泊爾比蘭德拉國王與皇后

圖 2-31

汶萊王族

名列世界富豪榜的蘇丹

汶萊是亞洲的古老國度，建立於西元 8 世紀，為回教國家；位於全世界第三大島婆羅州的西北部，地處馬來西亞東部的沙勞越、沙巴之間。1838 年，汶萊因腹背受敵而割讓了許多土地，終至 1890 年面積只剩 5,765 平方公里。1929 年，汶萊境內發現了豐富的石油，成為產油國家，汶萊人民生活就此走向富裕繁榮。

根據美國 2008 年《富比世》雜誌的世界王室富豪榜，汶萊蘇丹（蘇丹即國王）哈桑納‧波爾基亞以 220 億美元的資產排名世界第二位富豪，英國女王伊麗莎白二世僅列第 11 位，汶萊蘇丹資產是英國女

王的 36 倍，這位多金的國王每次出現在國際媒體上多以財富搏得版
面。

2005 年時，58 歲的哈桑納 · 波爾基亞在馬來西亞首都吉隆坡舉行
了祕密的婚禮，迎娶他的第三任妻子──年僅 26 歲、馬來西亞前新
聞主播的阿茲里娜斯 · 瑪扎爾 · 哈齊姆。下圖是汶萊 1 元紙鈔（圖
2-32），其上的肖像即是汶萊蘇丹波爾基亞。

圖 2-32

圖 2-33

在「歐洲陽臺」治國，別有一番風味

西歐小國盧森堡，其國民所得極高，位居歐洲十字路口，具重要戰略地位，當地都市景色與地形地貌合而為一，美不勝收，有「歐洲陽臺」之稱。

現任國王為亨利大公，於 2000 年 10 月 7 日繼位，他入股銀行與礦山，擁有許多股票，並投資許多國際大公司，其財產估計有 50 億歐元之多，在全世界國王財富排行中名列第六。圖 2-33 是盧森堡 100 元紙鈔，印有其肖像。

圖 2-34

英國女王臘像

優雅風采令人著迷的英國女王

英格蘭銀行於 1914 年將當時的國王喬治五世
（George V）頭像印製在紙鈔上後，就此開啟了英
國鈔票印鑄國王肖像的傳統，因此部分大英國協的鈔
票也會印製英國國王的肖像。

英國皇室在英國人眼裡是英國文化的代表，因此英國
女王伊麗莎白二世（Queen Elizabeth II）在英國人
民心中的地位一直是崇高不已的。女王於 1926 年在
倫敦出生，是英國溫莎王朝第四代君主，也是目前在
位時間第二長的國家元首，僅次於 1946 年即位的泰
國國王蒲美蓬 · 阿杜德；她也是英國在位時間第二
長的君主，僅次於維多利亞女王（1837~1901 年在
位）。英國女王的全稱為「大不列顛及北愛爾蘭聯合
王國與其他國土和領地之女王，聯邦的元首」；亦即
除英國外，女王同時也是澳洲、紐西蘭、加拿大等國
家的元首。

DEUX DOLLARS 2
2
2 DEUX DOLLARS 2
DA
RTEUR
IDE
DEUX
TWO DOLLARS 2

女王自幼在宮中接受教育，主修憲法史和法律。1947
年，她與遠房表兄的希臘和丹麥親王菲利普・蒙巴
頓中尉（現為愛丁堡公爵，菲利普親王）結婚，她在
1952 年喬治六世國王逝世後繼承王位。

伊麗莎白繼位初期，許多人認為「新伊麗莎白時期」
即將到來，事實上，伊麗莎白面對的英國是一個分崩
離析、組織鬆散的聯邦政府，她僅能努力維持前殖民
地與英國的關係。在政治上，她從未公開表達對政治
的看法，但也極盡所能地與所有政黨保持友好關係。

加拿大發行的 2 元紙鈔是伊麗莎白女王年輕時的肖像
（圖 2-34）；20 元鈔票上的肖像則是伊麗莎白女王的
中年時期（圖 2-35）；第三張紙鈔為斐濟的 10 元紙鈔
（圖 2-36），其上為女王年老時的肖像。不論年紀如
何，這位女王的優雅風采依舊令人著迷。

圖 2-35

圖 2-36

體重是權位和美麗的象徵

東加（又譯湯加）全名東加王國（The Kingdom of Tonga），係位於南太平洋靠近赤道附近，由 172 個島嶼組成的島國。1875 年實施君主立憲制至今。1900 年曾是英國的保護地，於 1970 年 6 月 4 日取得獨立，為聯合國第 188 個成員國。東加王國原是南太平洋中最後一個君王體系的國家；不過，東加國王圖普五世在 2008 年 7 月 29 日表示將權力交給國會，放棄君權，走向民主。

在東加，體重是權位和美麗的象徵，因此，要判定一個人的社會地位，可以先從他的體型來做觀察。東加國王

杜包四世（Taufaáhau Tupou IV，1918~2006），身高一百九十公分。就權勢而言，杜包四世是個尊者；就體型來說，他更是巨人中的尊者。1976 年，更因體重突破兩百零九點五公斤，而成為金氏世界紀錄中全球最重的君主。

杜包四世晚年，整個王室家族掌控了國家，獨占許多經濟事業，致使全國四分之一人民生活在貧窮當中。2005 年 5 月，東加有上萬名民眾走上街頭要求民主，隔年杜包即逝世，享年 88 歲。這也間接帶動東加邁向民主。東加 1 元紙鈔上即印有杜包四世的肖像（圖 2-37）。

圖 2-37

圖 2-38

圖 2-39

最富有的國王

沙烏地阿拉伯雖擁有整個阿拉伯半島 80% 的土地，其偌大的土地卻只有 1% 的耕種土地，內陸放眼望去，盡是大片沙漠。直到 1938 年，在沙烏地阿拉伯地底下發現石油，才改變該國的命運。

沙烏地阿拉伯興起於 1750 年，其家族不斷與埃及、奧斯曼帝國發生衝突。沙烏地阿拉伯能真正成為一個獨立的國家，即是由國王阿卜杜

拉‧阿齊茲‧阿勒紹德（Abdul Aziz Al-Saud）爭取而來的。1926 年，阿卜杜拉擔任國王後，隔年即與英國簽署《吉達條約》，使沙烏地阿拉伯正式脫離英國而取得獨立。沙烏地阿拉伯是個政教合一的君主制國家，神聖的《可蘭經》是國家的最高憲法。

圖 2-38 的 100 元紙鈔與圖 2-39 的 5 元紙鈔上都是法赫德‧本‧阿卜杜拉‧阿齊茲國王（Fahd Bin Abdul Aziz Al-Saud,1921~2005）的肖像。他幼年曾在宮廷接受伊斯蘭教育，後在歐美接受高等教育。他於 1982 年即位，在位期間協助美國在波斯灣戰爭中擊敗伊拉克，允許美國在沙烏地阿拉伯設立軍事基地；其親美的立場令部分國人不滿，2005 年 8 月 1 日病逝於首都利雅得的醫院，享年 84 歲。在其死訊發出後，沙烏地阿拉伯全國停止電視廣播，改播頌讀《可蘭經》經文哀悼，卻不降半旗來表達哀悼，因為沙國的國旗印有《可蘭經》聖約，如果降半旗是有辱真主及先知穆罕默德。

沙烏地阿拉伯的王位繼承是採「兄終弟及」，因此法赫德過世後由其弟阿卜杜拉‧本‧阿卜杜拉‧阿齊茲（Abdullah Bin Abdul Aziz）繼位為第六任國王。

法赫德國王在世時有兩件事最令人津津樂道：一是他有 5 名妻子，其中三人已離婚，共有 14 名兒女。另一是他擁有傲人的財富，在全球多位國王之中居冠，高達 250 億歐元。

圖 2-40

鐵腕改革，創造新沙漠王國

新任的沙烏地阿拉伯國王阿卜杜拉
（Abdullah Bin Abdul-Aziz），1924 年
出生於利雅得，是前國王阿卜杜拉 ·
阿齊茲之子，為已故國王法赫德（Fahd
Bin Abdul Aziz, 1920-2005）的同父異
母兄弟。2005 年 8 月 1 日，法赫德國
王因病逝世，由阿卜杜拉繼承王位，成
為沙烏地阿拉伯王國的最高領導人。他
繼位後，即祭出鐵腕，採取一連串的改
革措施。他設立最高經濟委員會管理社
會經濟、制定政策鼓勵外資入駐、設法
創造就業機會，還經常微服私訪，觀察
民情，甚至嚴格限制王室的鋪張浪費。

阿卜杜拉喜好讀書和旅行，並獲菲律賓
的大學博士學位。他極為推崇阿拉伯民
族文化，特別是阿拉伯半島特有的文化
傳統，並親自創建阿拉伯馬術隊。每年
春天，更舉辦具有濃郁民族特色的「吉
納達里亞」文化藝術節，成為國家和民
間的一大盛事。

沙烏地阿拉伯的 1 元紙鈔上即印有這位
國王的肖像（圖 2-40）。

圖 2-41

廢父登基，也廢除陋習

阿曼蘇丹卡布斯 · 本 · 賽義德（Qabus Bin Said），生於 1940
年，16 歲遠赴英國皇家軍事學院留學，深受西方思想影響，但其父王
不能接受兒子的先進觀念，而將其軟禁。卡布斯發動政變，在 1970
年 7 月 23 日廢父登基，廢除陋習陳規，大肆革新，贏得人民的信賴
與尊敬。上圖的鈔票即印有他的肖像（圖 2-41）。

北非花園的出色園丁

摩洛哥隔著直布羅陀海峽與歐洲遙遙相望，有「落日之島」之稱。阿
拉伯人曾於 16 世紀時在此建立一個王朝，對現在摩洛哥的歷史文化
有深遠的影響；直至 1956 年，摩洛哥才成為一個君主立憲的獨立國
家。摩洛哥另有一個美麗封號──「北非花園」，這是因為它擁有引
人入勝的古蹟、現代化的都市，以及旖旎迷人的地中海沙灘和撒哈拉
沙漠風情，每年吸引二百萬名觀光客到摩洛哥旅遊。

圖 2-42

摩洛哥的進步繁榮，完全要歸功於哈桑二世國王（Moulay Has-
san,1929~1999），他生於 1929 年，是前國王穆罕默德五世的長子；
哈桑於 13 歲時，在一所中學的落成典禮上，即席發表了第一次公開演
講，指出：「除了麵包之外，教育是人民的第一需要。」這句話成為摩
洛哥家喻戶曉的名言。1961 年，哈桑正式繼承王位。隔年，哈桑二世
頒布摩洛哥的第一部憲法；80 年代中期，哈桑實施國有企業私有化，
為摩洛哥的經濟發展注入了活力；90 年代以來，他在政治領域內實行
改革，修改憲法；在外交上，他努力促進中東和平，為以、阿和談牽
線。

哈桑二世是一位掌有實權的國王,若有人欲奪取政權,必須先將國王趕下臺,因此哈桑二世經歷過許多謀殺事件,幸好他福大命大,都能逃過一劫,不過卻在 1999 年 7 月 23 日,因心臟病去世。摩洛哥人民為了紀念這位國王,在 50 元紙鈔印上哈桑二世的肖像(圖 2-42)。哈桑二世過世後,由其子穆罕默德六世((Mohammed VI)繼任王位,他深受人民愛戴,擁有專業治理能力。

20 元紙幣為現任國王穆罕默德六世(圖 2-43)。

圖 2-43

地勢極高的「空中王國」

非洲南部的小王國賴索托,為南非所包圍,面積僅 3 萬平方公里,於 1966 年脫離英國殖民獨立,實施君主立憲,國王為莫修修二世(Moshoeshoe II),即 10 元鈔票上的肖像(圖 2-44),現任國王為萊齊耶三世(Letsie III)。因該國地勢很高,有「空中王國」之稱,舉國人民身穿披毯的國服,戴上草帽的「國帽」。

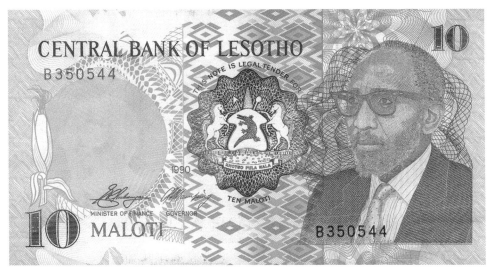

圖 2-44

圖 2-45

選妃日是皇宮重要慶典

史瓦濟蘭是南非境內的小王國，面積 1.7 萬平方公里，於 1968 年脫離英國殖民地獨立，成為史瓦濟蘭王國，國王為索布札三世（Sobhuza II, 1899~1982），於 1982 年過世；現任國王為恩史瓦帝三世（Mswati III）（圖 2-45）。該國國王地位十分崇高，其最著名的是一年一度選妃日，歷來后妃成群，子女滿堂，因此被世人批評國王生活太過奢華。

耶穌基督的在世代表

按天主教教會的立場，教宗（Pope）是耶穌基督在世的代表，也是梵蒂岡城國的國家元首。若望・保祿二世（本名卡爾・華提拉,1920~2005），1978年被選為教宗，也是羅馬天主教第264任教宗；其生於波蘭，是450年來首位非義大利籍教宗，也是首位來自共產國家的教宗。

若望・保祿二世當選教宗後，他出訪外國104次，是歷來參訪海外民族最多的教宗，其任內頒發的文獻很多，包括十四份通諭。他的著作《跨越希望的門檻》和《禮物與奧蹟：晉鐸金禧紀念》更廣為大眾所閱讀。

若望・保祿二世擔任教宗職務，一生努力牧養信徒、傳揚福音、促進人權與和世界和平。若望・保祿二世去世後，許多宗教人士討論著是否要為他封聖。封聖（Canonization）是表示一個去世的天主教人士在生前的事蹟能通過嚴密考察，並由教會代表正式宣示此人已經升天成聖。

波蘭50元紙鈔上即印有若望・保祿二世的肖像（圖2-46）。不論這位教宗是否封聖，波蘭人已將該肖像印製在鈔票上讓世人珍藏了。

圖 2-46

軍事家與
冒險家，一生充滿傳奇

軍事家，到底是好戰之徒，還是真的在為民主鋪路？

冒險家，是真有毅力還是不經意，在旅途中發現了新大地！

今天咱們就神遊一趟，功過論斷暫且遺忘！

用兵如神的軍事家

所謂的軍事家是指精通軍事戰略上的武器、編制、地形、戰術等情勢的專家，「用兵如神」就是用來形容他們在軍事上的長才，知名的軍事家有蔣中正、毛澤東、成吉思汗、李舜臣、納爾遜、漢尼拔等人，茲例舉如下。

讓中華民國正式踏上國際舞臺

蔣中正（1887~1975）原名蔣介石，辛亥革命爆發後，決定投奔孫中山領導的革命軍政府。1926 年，蔣中正逐步進入權力核心，北伐完成後，接著是抗日及國共戰爭。綜觀蔣中正的一生，與戰爭淵源頗深。雖然蔣中正在北伐與抗日都贏得勝利，但國共戰爭時，卻一路敗退至臺灣。許多當時因戰爭避難到臺灣的士兵，就在這種國共誓不兩立的政治敵對關係下，只能隔著臺灣海峽，遠望那一海之遙的土地與親人。

蔣中正是中華民國總統，但鑑於他一生戎馬戰場，故稱他為軍事家，實不為過。

圖 3-1

1927 年，蔣中正與第四任夫人宋美齡舉行一場世紀婚禮，轟動中外。宋美齡出生於中國豪門，卻在美國長大，她博學睿智、風姿綽約。兩人的結合可說是水幫魚、魚幫水。姑且不論這是否是一場結合政治、權力與財勢的婚姻，但宋美齡確實以一個賢內助的角色，幫助夫婿蔣中正及中華民國踏上了國際舞臺，影響近代史甚鉅。

蔣中正在近代歷史上扮演著舉足輕重的角色，也是個評價兩極的人物，尤其他依賴軍隊和特務進行的高壓統治，在臺灣民主化過程中，引起了不少的反彈聲浪，不過在新臺幣 200 元紙鈔上仍印著他的肖像（圖 3-1），背景則為三七五減租及九年國教的重大政策，紀念他為國家所做出的貢獻！

毛澤東紀念堂

槍桿子下取政權

毛澤東（1893~1976），是中國湖南省
人，對 20 世紀的中國及世界有深遠影
響。毛澤東獨特的領導魅力，讓他身兼
中國共產黨、中國人民解放軍、中華人
民共和國的領導人，並在中國大陸推動
一系列政治運動。

毛澤東在湖南第一師範學校求學期間
組織革命團體，成立新民學會，又接
受馬克思主義洗禮，創建共產主義組
織。1924 年，國共合作後，當選重要
幹部，負責主編《政治周報》，辦理第
六屆農民運動講習，這些經歷在他心中

不斷醞釀消化後，終於在 1926 年發表
著作，書中說明農民的重要地位及無產
階級領導農民鬥爭的重要性。國共合作
破裂後，他提出「政權是由槍桿子中取
得」的理論，並積極發動革命。

抗日戰爭爆發後，毛澤東立即串聯大批
群眾，展開游擊戰，企圖以小搏大，擊
退日軍，之後又提出「馬克思主義中
國化」的理論，主持中共第七次全國
代表大會，大會制定一套戰略，內容
大致是：「在黨的領導下，發動群眾力
量，打敗日本侵略者，建立一個新民主
主義的中國」。在一場又一場艱苦的征

戰中，抗日戰爭獲得最後勝利，對外戰爭結束後，一場內戰正悄悄展開，毛澤東赴重慶與蔣中正談判，但雙方並無共識。1946 年，國共戰爭爆發，最後由毛澤東所領導的中國人民解放軍獲得勝利，而蔣介石率領的軍隊則退守臺灣。1949 年 10 月 1 日，中華人民共和國建立。1954 年，毛澤東當選為中華人民共和國第一任主席，任職到 1959 年。

1966 年，毛澤東錯估當時國內的階級鬥爭，而發動一場將中國帶往大浩劫的「文化大革命」。這場如煉獄般的大革命，所帶來的恐怖災難持續十年之久，使中國在各方面都受到嚴重破壞和損失。在「文化大革命」中，毛澤東雖然意識到局勢已太過偏差混亂，可惜任誰都無法力挽狂瀾了。

1976 年 9 月 9 日，毛澤東在北京逝世。就毛澤東的一生來看，他對中國革命有著不可忽視的貢獻，至今仍受到中國人民的崇敬，從 1 元人民幣上印著他的肖像即可證明（圖 3-2）。

圖 3-2

東方戰神？黃禍？

成吉思汗（1162~1227），來自蒙古族，是蒙古帝國的奠基始祖。1271 年，元朝建立後，忽必烈追尊成吉思汗廟號為太祖。成吉思汗原名鐵木真，是一位極其傑出的軍事統帥。這名字的由來還有個特殊故事，當時鐵木真出生時，手中握有一個血塊，而鐵木真的父親恰巧在這時抓到敵軍的一位勇士，當時的人都相信這個小嬰兒來到世上是有特殊能力和使命。

成吉思汗天資聰穎，深富軍事長才一代天驕，用兵如神，雖然是一位文盲，卻也無損他馳騁沙場的雄風。他不但統一大漠，結束了數百年的紛爭，創立蒙古汗國，之後又征討金國、西域諸國、花剌子模、西夏，以及歐亞諸國，使這些被他襲捲過的國家在經濟、文化上都陷入長期衰退，所以他除了有「東方的戰神」美名，也有人批評他為「黃禍」。

在蒙古的 500 元紙鈔上即印有這位草原英雄的肖像（圖 3-3）。

圖 3-3

圖 3-4

既是發明家，也是軍事家

李舜臣（1545~1598）是韓國（當時名為朝鮮）著名的抗日英雄，他利用自己發明製造的「龜船」，在麗水一帶與日寇作戰，重創日軍，為保衛祖國江山立下大功。

1592 年，日本幕府大將軍豐臣秀吉入侵朝鮮，李舜臣統帥朝鮮水軍打敗日軍，不久即因被讒言陷害，一度入獄。1597 年，日本又出動 14 萬兵力進攻，就在朝鮮瀕臨危難之際，李舜臣再次被朝廷重用，他率朝鮮官兵和來自中國明朝的援軍共同禦敵，重創日軍。1598 年，在露梁海一戰中，他和中國水軍總兵鄧子龍共同指揮朝、中聯合艦隊大敗日軍，但他卻在此役遭遇島津家的突襲，為國捐軀。現今在韓國麗水一帶仍保有李舜臣當年對抗日軍的古戰場，為著名的觀光地點，也是韓國青少年喜歡聚會踏青的地方。

在韓國的 500 元紙鈔上即印有李舜臣的肖像，及其所製造的「龜船」（圖 3-4），用以紀念李舜臣生前擊敗日本的偉大事蹟。

圖 3-5

陳國峻 (Tran Hung Dao, ~1300)，因受封為「興道王」，故此稱為陳興道。越南陳朝南定美祿縣即墨鄉人，皇族出身，並且是陳朝重要將領。他曾於 13 世紀率領越南陳朝軍隊，成功擊退蒙古軍隊的兩次入侵，成為越南歷史上的民族英雄之一。此外，陳國峻對於古代越南的軍事學甚有建樹，撰有《檄將士文》、《兵書要略》等軍事作品。

在越南旅次收到此鈔票，越南人民驕傲告訴作者：越南不但在近年打敗了宗主國的法軍，趕走了美軍，擊退了中國共軍，將不可一世的三大強權拒之門外，連古代橫掃千軍蒙古大軍也二度敗在越將陳興道之手下，言及至此，越南真是「小而強」啊！

身殘心不殘的殘疾將軍

納爾遜（Horatio Nelson, 1758~1805）在 12 歲時，以學生身分加入英國皇家海軍，並隨著軍艦一起出海航行，這些少年時期的經驗奠定了納爾遜成為英國海軍將軍的背景。他雖然在戰爭中失去右眼和右臂，但卻以過人的意志領導軍隊征戰，被稱為「殘疾將軍」。在特拉法爾加海戰中，納爾遜運用不同顏色和圖形的信號旗作為艦隊之間的聯繫道具，成為戰勝法國艦隊的獨門祕技，但在這次海戰中，卻不幸中彈身亡。英國人悲痛之餘，聚集在倫敦聖保羅大教堂為這位英雄舉行隆重葬禮，並建造「特拉法爾加」廣場，來紀念這位偉大的海上將軍。歷史證明，這場戰役的勝利，不僅粉碎了拿破崙想占領英國的企圖，更讓英國成為海上霸主。

在英國 20 元的紙鈔上印著納爾遜將軍的肖像（圖 3-6），就是要後人效法他身殘心不殘的精神。

特拉法爾加廣場

圖 3-6

圖 3-7

勿以成敗論英雄

突尼西亞位於非洲北岸，1954 年才改制為突尼西亞共和國，它擁有悠久的歷史與迦太基、羅馬和拜占庭時期輝煌的史蹟。

在迦太基與羅馬為期數十年征戰的一位靈魂人物——漢尼拔將軍，在西元前 218 年，他是迦太基遠征軍的總指揮，一路領軍北上，以迂迴戰術引誘敵人，然後取道高盧（法國），攻下羅馬，憑藉過人的領導力和超凡的毅力，帶領一大群士兵和 27 隻身軀龐大的大象，

穿越終年被白雪覆蓋的阿爾卑斯山，第一場戰役就得到勝利，幾乎攻破羅馬城。這是有名的「側擊戰」，但好景不常，不久之後，漢尼拔和他的軍隊敗仗連連，連家鄉迦太基城都被羅馬大軍攻陷。漢尼拔一路敗退到敘利亞，在此自盡身亡。雖然最後漢尼拔還是抵擋不了羅馬的大軍入境，不過他卻完成了一場令人動容的戰役。

現在的突尼西亞 5 元紙鈔上即印著漢尼拔的肖像（圖 3-7），可見在突尼西亞人眼中並非以成敗論英雄。

LE CONTROLEUR GÉNÉRAL,

滑鐵盧之役為其畫下句點

1769 年 8 月 15 日，誕生了深具傳奇色彩的人物——拿破崙（Napo-leon, 1769~1821）。雖然身為沒落貴族，卻無減他的雄心壯志。1789年法國大革命，拿破崙因鎮壓巴黎暴動，官階一路爬升，大小戰役，攻無不勝，戰無不克，法蘭西一顆大明星。在 35 歲時登上法國皇帝寶座，勢力範圍遍布歐洲。可惜在 1812 年兵敗莫斯科及 1815 年的滑鐵盧之役兵敗後，被囚禁於聖赫勒拿島，抑鬱而終。

法國 100 元紙鈔都銘刻著這位軍事家的肖像（圖 3-8），紙鈔上的拿破崙以一副傲然的姿態，睥睨著這世界，眉宇之間流露出君臨天下的企圖心。

1815 年 6 月 18 日，所向無敵的拿破崙法軍與英國威靈頓（Wel-lington, 1769~1852）（圖 3-9）統帥的聯軍，在比利時的滑鐵盧展開大決戰，投入 14 萬兵力，激戰 12 小時，在戰史上，滑鐵盧大戰以戰線短，時間短，影響大，結局意外，結束拿破崙大夢生涯，造就了一代名將威靈頓，「滑鐵盧」也成失敗的代名詞，威靈頓也成為世界歷史唯一獲得七國元帥軍銜者。

BANQUE DE FRANCE

J.4-2-1

圖 3-8

圖 3-9

勇於探索未知的冒險家

「立不敗之地,策必勝之謀,存戒懼之心,行犯難之事」是軍事家與冒險家的共同行徑,因此本單元將要繼續研究鈔票上的冒險家。

他真的來過中國嗎?

馬可波羅(Marco Polo,1254~1324)出生在義大利威尼斯的商人家庭,1271年,他與親友從威尼斯出發,渡過地中海,穿過新疆、甘肅,在 1275 年到達元朝上都,當時的馬可波羅還是個 20 多歲的青年,卻與忽必烈成了忘年之交。

馬可波羅聰穎好學,不僅了解元朝時期的應對禮節,蒙古語也能朗朗上口,加上他特殊的經歷和豐富的見聞,很快地在元朝的官場占有一席之地,擔任起重要職務,他甚至被任命為欽差大臣,巡視中國各地、參與外交活動,還代表元朝政府出使過許多國家。因此,他對元朝以及當時中國各地、亞洲各國的情況都有一定的了解。

1292 年，馬可波羅離開中國。不久後，義大利的威尼斯和熱那亞兩國為了爭奪海上貿易權而引發一場大戰，馬可波羅投身戰場，代表威尼斯參戰，在 1298 年被敵軍俘虜，囚禁在熱那亞監獄。馬可波羅在獄中想起了那段東方的經歷，就請同獄的法國作家魯恩蒂謙幫他寫下二十多年來的奇特見聞，即《馬可波羅遊記》，又稱《東方見聞錄》，該書被翻譯成數種文字，風行一時，使歐洲人大開眼界，當時稱為「世界一大奇書」，這本書也是研究中國的珍貴資料，幾世紀後，更激勵出一群歐洲的海上冒險家。

下圖是義大利的 1000 元紙鈔（圖 3-10），紙鈔上印有馬可波羅的肖像，足以證明他是促進東西方文化交流的重要人物。

圖 3-10

葡萄牙的海上英雄

中世紀的歐洲是航海家最活躍、最輝煌
的時代，當時的葡萄牙王子亨利也是一
位航海家，非常希望能比其他國家早一
步找到前往亞洲的航道，為葡萄牙帶來
更多的貿易和財富。1477 年，達加馬
（Vasco Da Gama,1469~1524） 奉
當時葡萄牙國王馬努埃 · 卡斯里維二
世之命，率領 4 艘帆船、160 名水手，
從里斯本起航，繞過好望角，進入莫塞
爾灣，並在此地豎起一根石製標柱，宣
示葡萄牙擁有此地的主權。隨後又在
阿拉伯水手的帶領下，抵達印度西部的
卡利阜特城，達加馬亦在此豎立標柱，

表示該地的所有權已歸葡萄牙所擁有。
1499 年 9 月，達加馬終於結束海上旅
程，返回里斯本，並帶回大量的東方寶
石、象牙、香料。

達加馬這趟海上旅程不但為葡萄牙開闢
了通往東方的新航路，也結束了阿拉伯
人和威尼斯人長久以來對東方商品的壟
斷。

葡萄牙的 2000 元紙鈔上印著達加馬的
肖像（圖 3-11），紀念這位勇敢的海上
英雄曾為葡萄牙帶來諸多的經濟貢獻。

圖 3-11

圖 3-12

發現好望角

1487 年，葡萄牙人狄亞士（Bartolomeu Dias,1450~1500）認為大海的另一端是遍地黃金，因此他追隨許多航海家的腳步，帶領一群航海員展開一場海上冒險之旅。不久後，他和船員們在海上遇到了生平從未見過的狂風暴雨，當時船隻正好航行至海洋中對流和逆風最強的位置，整艘船彷彿要進入地獄之門似的，水手們深懷恐懼地認為這是撒旦降臨的徵兆，都急著要返回葡萄牙，但狄亞士卻堅信一定可以到達他的夢想之地，仍

決定繼續航行。他們經歷了千難萬險，終於抵達了非洲的最南端，還將其命名為好望角（Cape of Good Hope）。也因為狄亞士一群人發現好望角，而成功開創出一條東方航線，開啟了葡萄牙與印度通商的航道，並讓葡萄牙戰勝當時最強的對手——西班牙。

葡萄牙的 5000 元紙鈔上印著這位勇敢的冒險家——狄亞士的肖像（圖 3-12）。

圖 3-13

發現新大陸

西元 1492 年，西班牙不甘心讓充滿財富傳奇的海洋拱手讓人，於是派出航海家哥倫布率領船隊，企求能再有一番作為。於是哥倫布（Christopher Co-Lumm bus,1451~1506）乘坐「聖瑪麗亞」號，並指揮著一群經驗豐富的領航專家及船員向東方新航線駛去。

哥倫布帶領船隊駛入大西洋一個多月後，仍不見陸地蹤影，就連經驗豐富的船員們都失去信心了，但哥倫布堅信地球是圓形的，只要一直向西航行，一定能到達傳說中的美麗東方（即中國、日本和印度）。在大海繼續航行兩個多月後，哥倫布的船隊發現中美洲巴哈馬群島中的島嶼，即華特林島，接著又發現了古巴、海地等島嶼。雖然此次航行沒有找到真正的中國和印度，卻發現了美洲新大陸。

在發現第一個島嶼——華特林島之後，哥倫布和船員們歡天喜地地舉行登陸儀式，這可是他們久違的陸地啊！大家跪著感謝上帝指引，哥倫布並將這個小島取名聖・薩爾瓦多島（San Salva-dor），意思為「神聖的救世主」。當時的哥倫布誤以為他們所發現的地方是印度的屬地，所以把這一帶稱為西印度群島，稱此地的居民為印第安人。

薩爾瓦多的 5 元紙鈔上印著哥倫布的肖像，紀念他的偉大發現（圖 3-13）。

圖 3-14

不只是探險

自哥倫布發現新大陸後,有許多探險
家也紛紛投入航海之旅。如圖 3-14
的西班牙 1000 元紙鈔正面,即為
探險家科爾特斯(Hernan Cortes,
1485~1547)的肖像。他在 1521 年
征服阿茲特克帝國(今墨西哥)。而
鈔票的背面,如圖 3-15 所示,則是
另 一 位 探 險 家 皮 薩 羅(Francisco
Pizarro,1475~1541),他占領印加帝
國(今祕魯),確定了西班牙在美洲
的殖民統治。

圖 3-15

第一位登上聖母峰的冒險家艾德蒙・希拉利

養蜂人與天空女神的邂逅

除了大海的祕不可測，高山也充滿著美麗與危險的誘惑。聖母峰位在尼泊爾境內，是喜馬拉雅山脈的群峰之一；在尼泊爾語裡，聖母峰有「天空女神」之意。此山的高聳與美麗名聞遐邇，不只尼泊爾人引以為傲，也吸引大批的外國遊客與冒險家前來朝聖。1953 年 5 月 29 日，紐西蘭人艾德蒙・希拉利（Edmund Hillary,1920~2008） 和雪巴丹增・諾杰經由東南稜，首度登頂成功，艾德蒙・希拉利一生充滿傳奇，他原是一位默默無聞的養蜂人，卻因成功登上聖母峰後，成為舉世聞名的探險家。根據統計，至 2003 年 5 月為止，全世界有超過 60 個國家的 1300 位登山客成功登上尼泊爾聖母峰，但不幸被山吞噬的人數也高達 180 人。

紐西蘭的 5 元紙鈔上印有這位征服聖母峰的英雄——艾德蒙・希拉利的肖像（圖 3-16），他已在 2008 年 1 月 11 日辭世，享年 88 歲。雖然英雄已離開人世，不過想必看到艾德蒙・希拉利肖像仍能啟發紐西蘭人勇於探索未知的精神。

軍事家與冒險家，一生充滿傳奇

圖 3-16

挑戰人類極限

南極在字面上,就是地球的最南端;按
照國際上通行的概念,南緯60度以南
的地區稱為南極,它是南大洋及其島嶼
和南極大陸的總稱,總面積約6500萬
平方公里。由於海拔高、空氣稀薄,再
加上冰雪表面對太陽輻射的反射等,使
得南極大陸成為世界上最為寒冷的地
區,年平均氣溫為零下25度,最低氣
溫曾到攝氏零下89.6度。在這樣的低
溫下,普通的鋼鐵會變得像玻璃一般脆
弱;如果把一杯水潑向空中,落下來的
會是一片冰晶。

南極的寒冷是由於地處高緯度,導致在
一年中有極長時間沒有太陽光。南極大
陸風暴頻繁、風力強大,曾測到每秒
100公尺的大風,是迄今為止世界上記
錄到最大的風,因此,南極又被稱之為
「風極」,這樣的狂風會很快帶走人體的
熱量,使人傷病,甚至死亡。

南極環境非常嚴苛,天氣嚴寒、風速
強勁,不利人類生存,卻吸引著一群
冒險家前往南極,挑戰人類的極限。
第一個到達南極點的探險家是挪威的
羅爾德‧阿孟森(Roald E. Amund-
sen,1872~1928)及其隨行人員,到達
時間是1911年12月14日。阿孟森
的主要對手是英國的羅伯特‧史考特

圖 3-17

(Robert Falcon Scott,1868~1912),
他則在一個月後也到達南極點,但在
回程時,史考特以及同行的夥伴四
人因為飢餓和極度寒冷而全部死在
半途。為了紀念阿孟森和史考特,
1958年的國際地球物理年建立了阿孟
森-史考特南極站(Amundsen-Scott
South Pole Station)。此站成立的目
的是為其他極地研究的探險家和研究員
提供永久性的幫助。

不管是否完成極地探險,只要願意跨出
步伐挑戰人類極限,我們都該給予最高
崇敬,羅爾德‧阿孟森和羅伯特‧史

考特的名字都因此被永遠記錄下來，例如，南極的 5 元鈔票上印著羅爾德‧阿孟森的肖像（圖 3-17）；10 元紙鈔上則印著羅伯特‧史考特的肖像以茲紀念（圖 3-18）。

英國探險家亞德里恩‧海斯在 19 個月內連攀聖母峰（2006 年 5 月 25 日）、北極（2007 年 4 月 25 日）、南極（2007 年 12 月 28 日）三極，創史上最快記錄。

圖 3-18

探索未知的勇氣，非常人可以，

若能用羅盤寫日記，

　　或用馬鞭攬大地，

一生何枉一次而已！

費里德持喬夫‧南森 (Fridtjof Nansen, 1861~1930) 是挪威一位北極
探險家，他於 1888 年跋涉格陵蘭冰蓋和 1893 年乘「弗雷姆號」橫跨
北冰洋航行，是第一個證實北極是海洋的探險家，1922 年還獲得諾貝
爾和平獎。

ARCTIC TERRITORIES

Fridtjof Wedel-Jarlsberg Nansen
(1861–1930)

Norwegian explorer, scientist and
diplomat. Nansen was awarded the
Nobel Peace Prize in 1922 for his
work as a League of Nations High
Commissioner

He led the first crossing of Green-
land by ski, and achieved great
success with his Arctic expedition
aboard the polarship Fram

The polarship Fram
in the Arctic ice

POLAR DOLLAR

TWO
POLAR DOLLARS
2

圖 3-19

政治建築與
世界遺產，見證歷史的光環

它也許氣勢磅礴，

也許建於敵人之手，

也可能有神祕的傳說，

隨著時間經過，即使樣貌斑駁，

但依舊橫亙世人心頭，不分童叟！

透過建築物看歷史印跡

政權及治權的象徵

讓我們再回到新臺幣 100 元（圖 4-1）、200 元（圖 4-2）紙鈔上吧！除了右上角隱約可見美麗的國花外，在這兩張紙鈔上還有兩棟氣勢非凡的建築物，分別為中山樓與總統府。

中山樓位於臺北陽明山，是全球唯一座落於硫磺坑上的大型建築，它的外觀氣勢磅礴，為近代建築的代表作，是女建築師修澤蘭的傑出作品，舉凡國家重要會議以及國民大會均曾在此召開舉辦。

中華民國八十九年製版

圖 4-1

圖 4-2

總統府位於臺北市重慶南路上,為日治時代的臺灣總督府,設計者是兩位日本籍的建築師——長野宗平治及森山松之助。建築物的主體平面呈「日」字形,為五層樓建築物,其整體造型上深受英格蘭磚造建築影響,屬巴洛克式風格,外觀上散發著典雅莊嚴的氣勢。

總統府和中山樓不只是雄偉的建築物而已,它們也是政權及治權的象徵,新臺幣上常會看到這兩棟深具影響性的建築物。圖 4-3 至圖 4-5 的紙鈔上都印有中山樓的圖案,圖 4-6 至圖 4-7 的紙鈔上則印著總統府的全貌,可見它們在歷史的重要性。

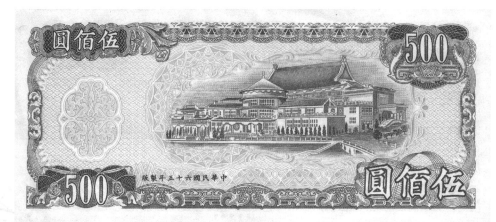

圖 4-3

圖 4-4

圖 4-5

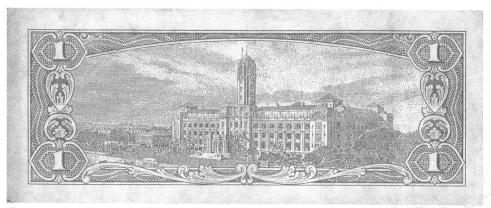

圖 4-6

圖 4-7

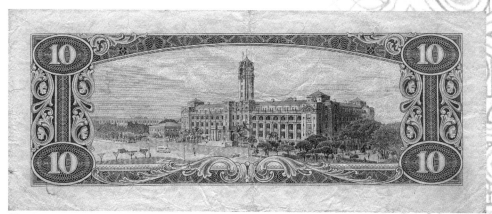

圖 4-8

漢城五大宮殿之一

韓國的 10000 元紙鈔正面刻印著韓國世宗大王（1418~1450）的肖像，
背面是景福宮的慶會樓（圖 4-9）。景福宮是李氏王朝（1392~1910）
時期漢城的五大宮殿之一，也是李氏王朝的正宮，具有五百年歷史，
而擺設國宴的地方為慶會樓，宮殿內蘊藏著一份寧靜清幽，置身其
中，別有一種舒坦的感覺。

韓國的紙鈔有 1000 元、5000 元、10000 元三種，但韓國幣值很低，
其中最高的 10000 元折合臺幣只有 300 多元，而韓國的國民所得又略
高於臺灣。所以他們常得付很多錢買日常用品，韓國人有時會拿著一
張單面鈔票付帳，那是韓國的「銀行支票」，它可免去付帳時必須拿
出一大堆紙鈔的麻煩。韓國在 2010 年又發行 50000 元及 100000 元
的鈔票，讓人民在日常生活中更方便使用。

圖 4-9

圖 4-10

緩衝國的無奈

泰國古稱暹羅，泰國文化早期深受中國和印度文化的影響。直到 16
世紀，西方列強來到泰國。1896 年，英、法簽訂條約，將暹羅列為殖
民地之間的「緩衝國」，暹羅雖沒有成為列強殖民地，但卻避免不了
英國和法國的諸多壓制。

按泰國憲法，泰國國王沒有太多實權，只是國家的代表。現任的泰國
國王蒲美蓬 ‧ 阿杜德深受國民敬愛，有時也要出面調解政治危機。

圖 4-10 是泰國 50 元的紙鈔，其上為泰國的國會大廈及泰國國王君臨
天下的畫面，可見泰國國王在泰國所擁有的尊貴身分。

遲到才是禮貌

菲律賓國民原以馬來人為主，馬來人大約是從西元前 500 年到西元 1500 年之間陸續移民到菲律賓，之後有許多中國人、西班牙人、美國人及印度人等新移民進入菲國，直到 1946 年，菲律賓才正式獨立為「菲律賓共和國」。

在菲律賓，接受禮物通常有一定的規矩，當我們邀請菲律賓人到家裡做客時，他們送的禮物絕不能當眾打開，否則會被視為對客人的不禮貌。如果有人受邀到他們家裡拜訪時，千萬不能按約定時間準時到達，更不得提前，否則，既不禮貌，也有失顏面，那會顯得我們是迫不及待為吃而來，習慣做法是比約定時間晚 15 分鐘。總之，在菲律賓的人際交流與約會中，遲到才是禮貌。

圖 4-11 是菲律賓 50 元的紙鈔，上面的建築物為菲律賓的國會大廈。

圖 4-11

圖 4-12

河塘之國

孟加拉人民共和國原為巴基斯坦的一部分，稱為東巴基斯坦；1971 年才脫離巴基斯坦，成立孟加拉人民共和國。孟加拉素有「水澤之鄉」和「河塘之國」的美稱，因為國內有 700 多條河流，主要分為恆河、布拉馬普特拉河、梅格納河等三大水系。

據世界銀行統計，孟國約有 50% 的人民生活在貧困線（upper poverty line）以下，其中 34% 的人民生活在極貧線（lower poverty line）以下；人民一日所得為 1 美元，幾乎只夠吃麵包喝水度日而已，根本沒有生活品質可言。孟國的自然資源非常匱乏，連電力、港口、電信、交通等基礎設施都極為落後，不僅經濟基礎薄弱，連各級政府都嚴重腐敗。

圖 4-12 是孟加拉的 10 元紙鈔，高聳的國會大廈轟立在眼前，希望國會議員們能同心協力帶領孟加拉全國人民走向經濟富裕之路。

北越坦克車第一個衝進南越總統府

經濟逐步起飛的越南

越南是一個開發中國家。1986 年起，執
政的越南共產黨開始改變原來的經濟政
策，以西方世界和亞洲四小龍為師，學習
自由市場的經濟模式，使經濟有了穩健的
成長。之後中產階級興起，越南執政黨也
逐步舒緩了政治壓力。現今越南的 GDP
每年增長 8.7%，為東亞第二，僅次於中華
人民共和國。

MỘT NGÀN ĐỒNG

圖 4-13

在越南，馬路上常見單車、機車、汽車和三輪車爭先搶後、競道而行，交通的混亂難以形容，即使如此，還是可以來點越式休閒；預算不多時，就到小攤販那兒買杯現剖的椰子汁，然後再踱步到公園樹蔭下享受浮生半日閒的樂趣；若預算多一點，不妨到小咖啡廳點杯法式咖啡，悠閒地欣賞這個國家的夏日風情。

圖 4-13 是早期「南越」的 1000 元紙鈔，紙鈔上印著南越的總統府。

NGÂN-HÀNG QUỐC-GIA VIỆT-NAM

圖 4-14

圖 4-15

文明的搖籃

土耳其是一個橫跨歐亞大陸的伊斯蘭教
國家。由於土耳其曾經是東羅馬帝國、
拜占庭帝國、奧圖曼帝國的中心，有著
悠久歷史，更特別的是，土耳其囊括了
不同文明的歷史遺產。因此又被稱為
「文明的搖籃」。

凱末爾在 1923 年建立了土耳其共和
國，並採行國家和宗教分離的政策，廢
除以回教為國教的憲法條文，也廢止了
許多回教法律。這些措施使土耳其在西
亞的回教國家中益顯和平與安定，始能
不斷地邁向現代化，經濟發展驚人。土
耳其人民秉持著凱末爾的箴言「國內和
平，世界和平」，力圖達到更大的成就。

土耳其是一個充滿神祕傳說的現代化
國家，具有一流的旅遊服務、人民熱
情好客、景色迷人。圖 4-14 為土耳其
50000 元紙鈔，中間的建築物為國會
大廈，圖 4-15 為土耳其的 20000 元紙
鈔，上面的建築物為總統府。

往民主之路邁進

土庫曼是位於中亞西南部的內陸國家。在歷史上，包括波斯人、馬其頓人、突厥人、阿拉伯人、蒙古韃靼人等民族都曾經在此建立國家。直到15 世紀後才形成土庫曼民族。19 世紀中期，有部分領土被併入俄國，直到 1991 年 10 月 27 日，土國才宣布獨立，正式定名為土庫曼。1992 年加入聯合國，1995 年獲得永久中立國地位。

土國的總統薩帕爾穆拉特 · 阿塔耶維奇 · 尼亞佐夫雖被尊稱為土庫曼之父，但他在國內大力推行個人崇拜，並在 1994 年時修改憲法，逐步擴大自己的權力，1999 年時，獲得無限期行使總統職權。2005 年 2 月，尼亞佐夫宣布放棄終身總統地位的待遇。2006 年 12 月 21 日逝世，享年 66歲。

圖 4-16 是土庫曼的 10000 元紙鈔，紙鈔上的建築物為土國的國會大廈，希望它真的能發揮其功能，讓土國真正走向民主之路。

圖 4-16

最具濃厚政治色彩的鈔票

在美元鈔票的背面有許多具有濃厚政治色彩的建築物,如:5元紙鈔的林肯紀念堂,10元紙鈔的美國財政部大樓,20元紙鈔的美國白宮,50元紙鈔的美國國會大廈,100元紙鈔的費城獨立宮。

林肯紀念堂

5 元美鈔的正面為林肯頭像，背面為林肯紀念堂（圖 4-17），林肯紀念堂建於 1917 年，為紀念美國南北戰爭時期的林肯總統而興建。林肯總統維護了美國的統一，並解放南方的黑奴，為今日美國的繁榮昌盛奠定了基礎。整座紀念堂採希臘神廟建築的風格，是由亨利・培根（Henry Bacon）設計，大廳周圍有三十六根白色大理石廊柱，象徵當時三十六州的團結，堂內正面坐著林肯的白色大理石雕像，雕像後方有一句題詞：「林肯將永垂不朽，永存人民心中」。直至今日，他依舊是美國人民心中最偉大的政治人物。

資料來源：維基百科，作者：
Alexander Gardner（1821~1882）

圖 4-17

美國財政部（United States Department of the Treasury）是美國政府的內閣部門，在 1789 年由美國國會建立，此部門是管理美國政府年度收入的重要地點。

圖 4-18 是美鈔 10 元的背面，上面的建築物即是美國財政部。

圖 4-18

圖 4-19

白宮是美國總統府所在地，座落在首都華盛頓市中心區的賓夕法尼
亞大道上，白宮的設計者是著名的建築師詹姆斯 · 霍本（James
Hoban），他根據 18 世紀末英國鄉間別墅的風格，並參照當時流
行的義大利建築師柏拉迪的歐式造型設計而成。其使用維吉尼亞
州所產的白色石灰石建造，建成時並不稱為白宮，「白宮」一詞是
1902 年由西奧多 · 羅斯福總統正式命名而來的。

白宮每逢星期二到星期五均會對外開放，雖然白宮的 130 多個房
間中，只開放 10 幾個房間，但已是世界上唯一定期向公眾開放的
國家元首官邸。因此吸引了大批的遊客，每年來此參觀的人數多達
200 萬人。圖 4-19 是美鈔 20 元的背面，上面即是美國最著名的建
築物──白宮。

美國國會大廈（US Capitol）又稱為「國會山莊」，座
落於美國首都華盛頓市中心一處海拔 83 英尺的高地
上，是美國聯邦最高立法機關，不論開會、辦公及審查
各項法案都會在此處舉行，也牽動全球的政經活動，因
此美國國會大廈已成為全世界矚目的政治據點。

根據美國憲法規定，首都華盛頓的建築物都不得超過國
會大廈的高度，所以國會大廈成為華府的最高點。這座
建築物的中央穹頂和鼓座係仿照萬神廟的造型建造而
成，圓頂上的小圓塔頂端豎立一座約 5.8 公尺高青銅製
的「自由雕像」，是華府最引人注目的地標。

圖 4-20 是美鈔 50 元的背面，上面印有國會大廈。

圖 4-20

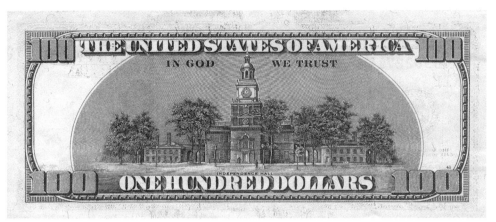

圖 4-21

費城有三百多年的歷史,在美國獨立戰爭期間為美國革命的發祥地,許多歷史事件如 1774 年和 1775 年兩次大陸會議、1776 年 7 月 4 日《獨立宣言》、1787 年美國第一部憲法都發軔於此。它在 1790 至 1800 年間還曾是美國的首都。因此,費城被稱為美利堅合眾國的搖籃,至今仍完好地保存這段光榮的歷史。

費城有許多棟歷史建築物,在「獨立宮」附近的「自由鐘」是美國獨立象徵的代表。1776 年 7 月 4 日,伴隨著洪亮的鐘聲,《獨立宣言》首次公諸於世。1783 年 4 月 16 日,「自由鐘」的鐘聲再次宣告了美國獨立戰爭的勝利。此後,每逢 7 月 4 日美國國慶日時,都要敲響象徵美國獨立的鐘聲。

圖 4-21 是 100 元的紙鈔,背面印著費城的獨立宮。

渥太華標誌性建築

加拿大的國會大廈是渥太華的標誌性建築，由維多利亞女王下令建造，直到 1866 年完工。國會大廈中央有一座和平塔，是為了紀念在戰爭中犧牲的加拿大烈士而建造的。在豎立著青銅旗桿的青銅塔頂下，還有一座十分醒目的大時鐘。

在夏季，每天的上午 10：00 整，民眾可以在國會大廈前的草坪上看到莊嚴肅穆的皇家禁衛隊舉行換崗操練儀式。從 5 月初到 9 月勞工節期間的夜晚，國會大廈前會提供免費的聲光表演及戶外影音節目，並以英法雙語講解加拿大的歷史。

圖 4-22 是加拿大的 10 元紙鈔，在紫色鈔票上隱約可見的建築物，就是加拿大的國會大廈。

圖 4-22

圖 4-23

國名竟是首長名！

尼加拉瓜的土地面積約為臺灣的 3.6
倍，是中美洲面積最大的國家。在西班
牙人入侵前，尼加拉瓜的居民均為印地
安人，多以狩獵為生。因為尼加拉瓜總
首長名為「尼加勞」（Nicarau），該國
因此得名。1823 年，尼加拉瓜參加中
美洲聯邦後，尼國自由黨人士主張脫
離聯邦，自行獨立，造成與保守黨紛爭
不息。1838 年，內戰爆發，自由黨獲

勝，從此建立尼加拉瓜共和國。可惜尼
國當政者無法將國際援助的資源善加整
合運用，一般民眾生活仍舊困苦，貧富
懸殊非常大。

圖 4-23 是一張尼加拉瓜的 100 元紙
鈔，鈔票中的建築物是尼加拉瓜的國會
大廈，我們期待尼國的國會議員能發揮
民主的精神與經濟改革的魄力，讓尼國
人民脫離貧窮。

地形複雜，種族更複雜

坦尚尼亞位於赤道南邊、非洲東岸，境內地形複雜，種族也複雜，全國約有三千二百一十萬人，卻有一百二十個以上的族群。坦尚尼亞雖以狩獵保護區而聞名全球，卻是全非洲都市化程度最低的國家。這是由於過去坦尚尼亞採行社會主義政策，其經濟不發達，甚至名列為世界最貧窮國家之一，幸好近年來坦國經濟改革，並積極與國際組織合作，如今坦國的經濟發展已出現樂觀的進展。

圖 4-24 是坦尚尼亞的 1000 元紙鈔，鈔票上印著該國的國會大廈，現代化的建築隱喻著坦尚尼亞正積極地往現代化邁進。

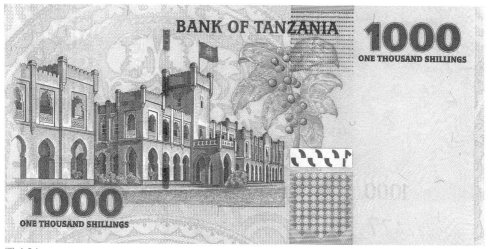

圖 4-24

這裡沒有黑人、白人、黃種人，只有巴西人！

巴西聯邦共和國是拉丁美洲最大的國家，原為印地安人的居住地。1500 年，葡萄牙航海家卡布拉爾（Pedro Alvares Cabral,1468~1520）到達巴西後，巴西即淪為葡萄牙殖民地。1807 年，拿破崙入侵葡萄牙，葡萄牙王室逃到巴西，巴西再次成了葡萄牙的帝國中心。直到 1891 年 2 月 24 日，巴西才通過第一部共和國憲法，1967 年正式改國名為巴西聯邦共和國。

巴西雖為多移民國家，相較於其他移民國家，該國的種族歧視問題算是輕微的。巴西人對新事物、新文化均高度接受，任何種族階級都可以自由居住、交往及交際，在巴西的國際機場有一個特別的標語「這裡沒有黑人、白人、黃種人，只有巴西人」，這樣的熱情在眾多移民國家中算是獨樹一格了。

圖 4-25

圖 4-25 是巴西的 100 元紙鈔，紙鈔上面的碗狀造型是巴西的國會大廈，左側的直立式建築物像一雙筷子為巴西的總統府。

巴西國會與總統府實景

鑽石之國

烏拉圭位於南美洲東南端,境內山明水秀,有「南美洲瑞士」之稱;
又因為地形類似寶石,且盛產紫晶石,所以又被譽為「鑽石之國」。
足球是烏拉圭人最熱愛的運動,烏拉圭的足球運動曾在世界史上綻放
光芒,是世界盃足球賽的首屆主辦國。

二戰結束後,由於國際農產品價格不斷下滑,使該國經濟陷入長期衰
退,經濟的蕭條令政局陷入混亂,多次發生軍事政變,烏拉圭逐漸成
為一個經濟落後的國家。

圖 4-26 為烏拉圭的 50 元紙鈔,紙鈔上印著烏拉圭的國會大廈,希望
參與國家重大會議的委員們能帶領烏拉圭人民走向經濟富裕之路。

圖 4-26

民族的拼盤

澳洲位居南半球地帶，其四季時令恰與北半球相反。澳洲地大物博，容納多國移民，因此被社會學家喻為「民族的拼盤」，自英國移民踏上這片美麗的土地之後，陸續有一百二十個國家、一百四十個民族的移民來到澳洲追求新生活，多民族形成的多元文化是澳洲社會一個特別現象。

澳洲國會實景

英國女王原本是澳洲的國家元首，由女王任命的總督為法定的最高行政長官。直到 1992 年 12 月 17 日，澳洲聯邦政府內閣會議決定，澳洲的新公民無需再向英國女王宣誓效忠，自此，澳洲就算是一個獨立自主的國家了。

圖 4-27 為澳洲的 5 元紙鈔，紙鈔上的建築物為澳洲的國會大廈，最特殊的還有國會平面設計圖在上方。

圖 4-27

阿根廷的玫瑰宮

南美洲的巴黎

阿根廷位於南半球最南端,節令與臺灣相反。阿根廷是南美洲最早獨立的國家,首都布宜諾斯艾利斯（Buenos Aires）是南半球最大的城市,也是阿根廷的政治、經濟、文化中心,享有「南美洲巴黎」的盛名,在西班牙語中意為「好空氣」。布宜諾斯艾利斯有五個主要區域,最重要的一區以五月廣場為中心,是政治和商業區。

足球為阿根廷最主要的運動項目,每逢星期假日,足球場上一定會有一群足球愛好者在「圍球追逐」;阿根廷首都布宜諾斯艾利斯後巷的貧民窟也是「探戈」的發源地。阿根廷在 1912 年通過平等政權後,人民的生活比以往自由,對探戈也更為狂熱,社會的各個階層都掀起一股探戈舞會的熱潮,探戈儼然成為一種時尚活動。

圖 4-28 為阿根廷的 1 元紙鈔,印著阿根廷的國會大廈;圖 4-29 為阿根廷的 1000 元紙鈔,印著阿根廷的總統府,又名「玫瑰宮」,期望能以粉紅色的外觀,象徵紅、白兩派政黨勢力的融合,取其中庸之道的含意。

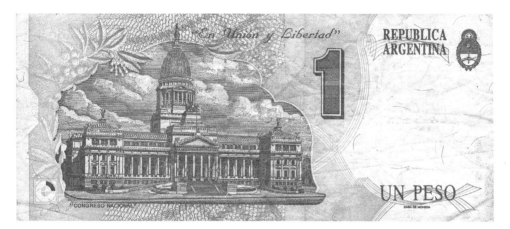

圖 4-28

圖 4-29

圖 4-30

圖 4-31

《哈薩克斯坦獨立 20 週年》10000 元的紀念鈔，為世界紙幣協會 IBNS（International Bank Note Socie）在 2013 年所選出 2012 年度最佳紙幣首獎。評審要求是：藝術性、設計理念及防偽技術。

圖 4-30 為哈薩克斯坦總統府，係 1992 年脫離「蘇聯」獨立 20 週年紀念鈔，總統府高聳壯麗，為一幅扣人心弦的政治建築。

既然得獎了，讓我們欣賞另一面（圖 4-31），它是哈薩克民族紀念碑，相當有氣派。

欣賞過現代的政治建築，我們跨越到古代的歷史建築，「世界文化遺產」將是首選，一起來欣賞吧！

聯合國教科文組織保護之文化遺產
（建築部分）

「聯合國教科文組織」於 1946 年在法國巴黎成立，宗旨是「透過教育、科學及文化，促進各國間合作，對和平與安全做出貢獻。」為了保存世界珍貴的自然遺產、文化遺產，1972 年，「聯合國世界教科文組織」在大會中通過世界遺產公約（The World Heritage Convention），此係基於保存自然遺產、文化遺產等，使其免於遭受損傷破壞，更為此而建立起國際合作及協助的體制，以下我們將針對建築物的部分作一介紹。

伴隨中國成長的巨龍——長城

「萬里長城」（The Great Wall）是中國著名的建築物，在 1987 年
12 月被「聯合國教科文組織」列入珍貴的世界文化遺產。從古老的春
秋戰國時代至今約二千多年的時間裡，「萬里長城」伴隨著中國這部
悠久的古代文明史成長，舉凡中國封建社會裡的重大政治、經濟、文
化方面等事件，都在長城留下烙印。

長城的外觀氣勢磅礡，為世上最偉大的建築工程之一，從衛星上遙瞰
地球，依稀可見萬里長城的身影。因此，它不僅是中華民族歷史悠遠
的象徵，更是值得全人類共同保護的珍貴遺產。

圖 4-32 是 100 元的中國外匯券，紙鈔上即印著萬里長城，它曲折蜿
蜒、堅固萬分，是人民心目中最堅強的防衛堡壘。

圖 4-32

圖 4-33

不停更新任務與角色的故宮

故宮博物院位於北京市中心，是中國著名的文化觀光景點，博物館內原以明、清兩代皇宮及其收藏的文物為主。1961年經國務院批准，故宮被定為全國第一批重點文物保護單位。

故宮博物院不停地在更新自己的任務與角色。在文物工作方面，五、六〇年代的重點是對舊藏的清宮文物重新清點核對、登記造冊、鑑別、分類和建檔；對原有庫房進行大規模的修整；加強防潮、防蟲的各種措施。為了滿足廣大群眾的要求，故宮博物院還組織小型文物展到各省市博物館作巡迴展出，並應邀到國外舉辦各種形式的展覽活動。近十年來，故宮博物院每年接待中外觀眾約有 600~800 萬人次，隨著旅遊業蓬勃發展，參訪故宮的人數有增無減。1987年，故宮被「聯合國教科文組織」列入「世界文化遺產」名錄。

在 10 元的人民幣上可見故宮雄偉肅穆的身影（圖 4-33），旁邊還鑲上美麗的紅色花邊，似乎正在為故宮加冕呢！

政教合一的統治中心──布達拉宮

布達拉宮的建造與吐蕃第三十三任贊普松贊干布息息相關。7 世紀初，松贊干布遷都拉薩後，在紅山頂建了金碧輝煌的布達拉宮。布達拉宮外觀有 13 層，占地 36 公頃。布達拉宮充滿了神祕色彩，儘管經過多次統計，依然無法準確地算出布達拉宮有多少房間，這與西藏按柱子的多寡來計算房間數量有關，布達拉宮錯綜複雜的建築設計，要能準確地計算梁柱是有相當難度的，因此直到現在，宮內依然不斷發現有新房間。

從 17 世紀中葉至 1959 年以前，布達拉宮一直是歷代達賴喇嘛生活起居和政治活動的場所，是西藏政教合一的統治中心，因此，布達拉宮在西藏人民的生活中占有舉足輕重的地位。

1994 年 12 月，布達拉宮正式被列入世界文化遺產名錄。在中國申請進入「聯合國教科文組織」所有專案中，布達拉宮是最順利的一個，這與布達拉宮無與倫比的建築價值和特殊的政教地位有重要關係。人民幣 50 元上的布達拉宮（圖 4-34）高聳雄偉，不愧是西藏人重要的生活指標！

圖 4-34

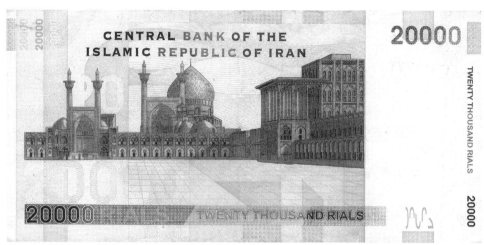

圖 4-35

伊斯法罕皇家廣場

伊斯法罕皇家廣場位於伊朗的伊斯法罕（Isfahan）市中心，廣場是城市規劃的一部分，長 500 公尺，寬 160 公尺，僅次於中國北京天安門廣場。在西元前 8~6 世紀，伊斯法罕就已經是一座頗具規模的大都市了。11~12 世紀的波斯塞爾柱王國時期，將它設為首都；16 世紀末至 18 世紀初，再次成為沙法維王朝的都城。此外，伊斯法罕皇家廣場更是絲綢之路上的重鎮，也是東西方貿易的集散地。

廣場中保存從 11 世紀到 19 世紀各式各樣的伊斯蘭風格建築，正是當年薩非王朝國王阿巴斯檢閱軍隊、觀看馬球的場所，廣場周圍有兩層拱廊環繞，每邊拱廊各有一座雄偉的大門，分別通向皇家

清真寺、聖 · 羅圖福拉清真寺、阿里 · 加普宮和皇家集市，廣場周圍文物、景觀都反映了薩非王朝時期波斯的社會文化生活。1979 年，「聯合國教科文組織」將伊斯法罕皇家廣場視為重要文化遺產，並列入《世界遺產名錄》。不過，伊斯法罕皇家廣場目前已改名為伊瑪姆廣場。在伊朗 20000 元的紙鈔上即印有壯觀美麗的伊斯法罕皇家廣場（圖 4-35）。

筆者與伊斯法罕廣場合影

世界最早的基督教教堂——艾奇米亞津

亞美尼亞以石雕建築藝術聞名全世界，因為當地盛產各種彩色花崗岩、大理石，所以又有「石頭之國」的美稱。301年，亞美尼亞王特拉達三世定基督教為國教，使得亞美尼亞成為世界上第一個基督教國家。

亞美尼亞的首都埃里溫（Yerevan）是個歷史悠久的文化古都，市內的艾奇米亞津（Echmiatsin）大教堂，據說建於4世紀初，距今已有一千七百年的歷史，號稱全世界最早建立的教堂，因此被稱為母親教堂（mother cathedral），是亞美尼亞大主教駐錫之地。

艾奇米亞津大教堂實景

在亞美尼亞50000元的紙鈔上即收錄了這座教堂的樣貌（圖4-36），鈔票左側還印有1700的數字，正說明了這座教堂悠久的歷史。

圖4-36

世界三大宗教的共同聖地——耶路撒冷

西元前 1000 年左右，大衛王率領以色列人擴建一座城市，並定都於此，這座城市就是大名鼎鼎的耶路撒冷（Yerushalayim）。耶路撒冷是猶太教、基督教和伊斯蘭教的聖地，當地居民有不同的文化和宗教信仰，使得整個古城呈現出古老歷史與現代氛圍的強烈對比。

1980 年，以色列國會制定基本法，以法律條文明文確認耶路撒冷是以色列「永遠的、不可分割的首都」。以色列不只在法律上重視耶路撒冷，在他們的紙鈔上也刻劃出這座古城的原貌，可見以色列人對這座古城的重視。2007 年 4 月 23 日，「聯合國教科文組織」執行局也通過決議，重申耶路撒冷老城的重要價值，以及保護這一重量級世界遺產的必要性。

以色列橘黃色 5 元紙鈔上印製的是耶路撒冷老城「獅子門」圖案（圖 4-37），綠色 5 元紙鈔上是耶路撒冷老城的「大馬士格門」（圖 4-38）；紫色 10 元紙鈔上是耶路撒冷老城的「雅法門」（圖 4-39）；黃色 50 元紙鈔上是耶路撒冷老城的「金門」（圖 4-40）；藍色 10 元紙鈔上印製的是耶路撒冷老城的「錫安門」（圖 4-41）。這一系列的紙鈔文字部分分別以希伯來文、阿拉伯文和英文書寫，圖案上的建築物都是取自同一座老城，可知以色列政府對耶路撒冷老城的保護和重視程度。

圖 4-37

圖 4-38

圖 4-39

בנק ישראל

圖 4-40

圖 4-41

鈔票上的耶路撒冷老城總是透露著一股
古老悠遠的氣息，凡是到過此地探訪的
遊客必能感受其中的莊嚴肅穆。

此為城牆中最有名的猶太教「哭牆」

■耶路撒冷舊城區

全球最大寺廟群
——吳哥窟（Angkor Wat）

802 年吳哥王朝國王，蘇耶跋摩二世在中南半島興建吳哥城，並以此為首都。吳哥王朝稱霸至 15 世紀；吳哥王朝衰敗後，古蹟群也淹沒在荒煙蔓草間；直到 1860 年被法國博物學家姆歐發現，才重現光芒。

吳哥王朝留給後世最大的遺產就是吳哥窟（即吳哥城），此處共有百餘座佛教和印度教的寺廟，是全球最大的寺廟群，這裡的建築物只用石塊興建，總體積與埃及金字塔所用的不相上下，以當時的人力、物力來說，簡直是個奇蹟。因此，吳哥窟在 1992 年被「聯合國教科文組織」列為全球七大奇景之一，更名列為珍貴的世界級文化遺產。

在柬埔寨的 50 元紙鈔上印有吳哥窟的全景圖（圖 4-42），遠望這座古城，仍可感受到當時的莊嚴氣勢。100 元的紙鈔上則是吳哥窟中一尊古佛的莊嚴相貌（圖 4-43），雖然有些斑駁，卻有一股神聖的氛圍蘊藏其中，這也正說明了吳哥窟迷人的魅力所在吧！

圖 4-42

圖 4-43

皇室級廟宇──泰國大理寺

泰國五世皇登基後想蓋一間休憩所，便將周圍荒廢無人的寺廟結合一
起施工，此廟是由皇室設計師設計，其整體建築風格既莊嚴又氣派，
在建材方面多採用大理石，所以有「大理寺」的美稱，這間寺廟屬於
「皇室級」的廟宇，因為該寺的廟徽沿用了泰國人心目中「國父級」
的五世皇朱拉隆宮陛下的皇徽，足以證明其在泰國的崇高地位！

大理寺實景

寺內供奉一尊最受人民敬重的「成功
佛」（Phra Buddha Chinnaraj），佛像
高達 3 公尺，整體風格是素可泰王朝時
期，直接從斯里蘭卡的小乘佛教經文中
獨立發展出來的。

在泰國的 10 元紙鈔上印有整座大理寺
的全景（圖 4-44），皇家級的氣勢與尊
貴氣質，躍然於紙鈔上。

圖 4-44

巴爾貝克神廟
——腓尼基和羅馬文明的相融產物

黎巴嫩共和國位於亞洲西南部地中海東岸，屬於中東國家，古羅馬帝國曾占領過黎巴嫩，並修建了舉世聞名的巴爾貝克神廟，該神廟是世界上保存最為完整，也是最大的羅馬古建築之一。

巴爾貝克神廟（Bealbek）位於貝魯特東北的貝卡平原北部，是世界著名的古蹟。西元前 3000 年，崇拜太陽神的迦南人在這裡修建了一座祭祀太陽神的廟宇，稱為「巴爾貝克」，意為「太陽城」。今天的巴爾貝克神廟雖稱作羅馬神廟遺址，實際上卻是腓尼基文明和羅馬文明相融合的產物，它歷經近 2000 年的戰火洗禮，殘存的建築體仍使人驚嘆不已。據稱這是世界上規模最宏偉的古羅馬建築群，全世界已找不到比它更完整的神廟遺址。因此，在 1984 年被「聯合國教科文組織」列為世界珍貴文化遺產。

在黎巴嫩的 250 元紙鈔上，即印有這座廟宇的全貌（圖 4-45），透過圖片觀看，整座神廟果然有一股滄桑肅穆之感。

攝於黎巴嫩巴爾貝克神廟古蹟前

圖 4-45

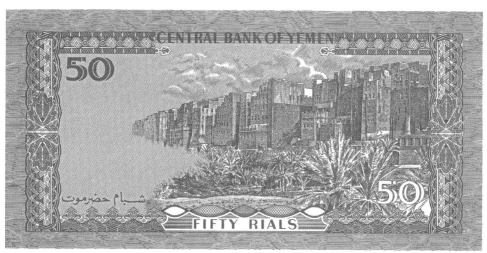

圖 4-46

真的有海市蜃樓？──希巴姆老城

葉門位於阿拉伯半島南端，有三千多年歷史，是孕育阿拉
伯古文明的搖籃之一。希巴姆老城在 1982 年被認定為珍
貴的世界遺產，因為它位在阿拉伯沙漠中央，一片荒漠中
竟有一群高樓建築聳立其中，給人一種海市蜃樓的感覺。
據考證，這種高層建築是葉門人民傳統家族制度的產物，
當時家族分家並非攜家帶眷離鄉背井，而是在原來的房頂
上加層擴建，逐漸形成這種高層建築，現在保留下來最古
老的建築還可追溯到 10 世紀呢！

葉門的 50 元紙鈔上聳立著一座古老建築（圖 4-46），這
是位在希巴姆老城中的一座高樓建築體。

攝於葉門沙那古城區

阿拉伯的珍珠——沙那古城

葉門的首都沙那，位於 2190 公尺的高地上，又稱為「阿拉伯的珍珠」。據說它是人類發源地之一，這座古城經歷過外族破壞、內亂踐踏。沙那古城（Old City of Sana'a）是葉門著名的景點，城內約有 6000 間民宅、103 間寺廟，全都建於 11 世紀以前，有些甚至建於 7 世紀；不論是外牆、窗戶、氣窗，甚至是梁柱上的圖案都可看出藝術價值，不僅講求色彩配搭及圖案組合，還以石膏雕砌出繽紛的細節，建築風格獨樹一幟，讓人彷彿走入《一千零一夜》書中所描述的繁華阿拉伯古城，有一種古今時空穿梭來回的感覺。古老又充滿歷史的沙那城，在 1986 年被「聯合國教科文組織」明定為世界遺產。

在葉門的 1000 元紙鈔上便是這座位於阿拉伯半島上最古老的沙那古城（圖 4-47）。

圖 4-47

圖 4-48

中美洲的祕密天堂──科潘古城

宏都拉斯素有「中美洲祕密天堂」之稱，有充滿殖民色彩的城市、馬雅遺跡、珊瑚礁和豐富的雨林生態，最著名的觀光勝地是科潘（Copan）古城，這座古城以精美雕刻與刻有馬雅古文字石碑聞名，從城內建築中的象形文字、馬雅數字，可推知馬雅人在建築、雕刻、數學等多元化文明的發展非常早。

1840 年，美國考古學家約翰‧斯蒂芬斯和英國弗雷德里克‧加瑟伍德在荒煙蔓草中發現了這座古城遺址，並向全世界公布古城的相關資料，直到 1980 年，「聯合國教科文組織」才將其列為世界珍貴遺產。

宏都拉斯 1 元紙鈔上是一座縮小版的科潘古城圖（圖 4-48），右側有直條型柱子刻著馬雅圖騰，顯現出一種古樸氣質。

馬雅文化的羽蛇神金字塔

馬雅文化始於西元前 3113 年，橫跨瓜地馬拉、貝里斯、墨西哥、宏都拉斯及薩爾瓦多等國。

瓜地馬拉位於中美洲，在瓜地馬拉北部的蒂卡爾國家公園是一座浮現在原始森林中的建築物，也是馬雅文明最早、最大的神殿遺跡，蒂卡爾之意為「能聽到聖靈之聲的地方」，遺跡中最大的傑作是五座巨大的金字塔神殿。

墨西哥最著名的是羽蛇神金字塔，約建立於 9 世紀。整座金字塔最令人嘖嘖稱奇的並非是規模或形式，而是金字塔北面。兩顆看似平凡的羽蛇神頭像，與九層上升臺階的相互搭配設計，在每年春分和秋分日落時，發光的蛇頭和九層臺階切割映照成的飛蛇圖形，象徵羽蛇神在春分時降臨，在秋分時離開，一年之中只有這兩天，能看到這兩條蛇的交替出現，令人嘆為觀止。1987 年，「聯合國教科文組織」將其列為珍貴文化遺產。在墨西哥的 20 元（圖 4-49）和瓜地馬拉 0.5 元（圖 4-50）紙鈔上，即為這座極具傳奇性的羽蛇神金字塔。

圖 4-49

圖 4-50

拉丁美洲最完整古城──基多

厄瓜多位在南美洲西北部,「厄瓜多」西班牙語的語意是「赤道」,這是因為赤道經過該國;厄瓜多由於當地氣候炎熱,盛產香蕉,又稱為「香蕉之國」。直到 1809 年,厄瓜多這塊熱帶土地才脫離西班牙統治,獲得獨立建國的機會。

厄瓜多首都名為基多（Quito）,是全世界第二高的首都,它建築在 2850 公尺高的皮欽查火山（Pichincha）山麓,首都內有 87 座教堂,最著名的兩座教堂為聖法蘭西斯修道院和拉孔帕尼亞教堂,建築風格華麗,屬巴洛克風格。這美麗的古城是從 16 世紀時的印加廢墟中建立起來。1917 年,經歷了大地震後,基多仍然是拉丁美洲保存最完整的古城。在 1978 年,基多獲「聯合國教科文組織」青睞,將其列為世界人類文化遺產保護區。

厄瓜多的 20 元紙鈔即是美麗的拉孔帕尼亞教堂（La compania）（圖 4-51）,可以感受它既古樸又華麗的建築風格。

圖 4-51

圖 4-52

世上最大的土磚城——昌昌古城

祕魯位於南美洲的西北部，面積是臺灣的 35.7
倍；昌昌古城（Chan Chan）是古祕魯時期奇
穆王朝的重要首都，在 15 世紀時，昌昌古城處
於鼎盛期，繁華熱鬧的場景不在話下。昌昌古城
是世上最大的土磚城，因為當地沒有石頭，只能
用土磚造屋，有時還會使用金箔嵌在土牆上。昌
昌古城的中心點有一座類似廟宇的城堡，周圍則
有保存完好的會議廳、水庫、居住區及宗教會議
平臺。

祕魯的 1000 元紙鈔上即是昌昌古城的大致輪廓
（圖 4-52），圍牆的建築刻有很多美麗造型的幾
何圖案，在當時應該算是一種時尚的表現。

創世中心──蒂瓦納科古城

在四百年左右，玻利維亞人在喀喀湖邊建立了蒂瓦納科古城，這座古城位於玻利維亞和祕魯交界地帶，4000公尺高的平原上，古城中心有六個帶有垂直石柱的「T」形臺地，是蒂瓦納科的一個顯著標誌。這座古城從居民群聚中心，發展成一座繁忙的城市。在這片土地上，有許多梯形金字塔、法庭。

蒂瓦納科在古印第安語有「創世中心」之意，古城的太陽門上雕刻著一萬二千年前的古生物和精確的天文曆法，許多考古學家對這段史前文明非常感興趣。古城仍保存四百年玻利維亞人留下的建築、繪畫和雕刻，蒂瓦納科遺址的梯形金字塔和城牆上還排列著雕刻精美的石頭。據考古學家估計，曾經有近40000人居住在這座生機勃勃的古城內外。但可惜的是，我們對蒂瓦納科古城當時的手工業、農業、捕魚技法所知甚少。

在玻利維亞的50元紙鈔上，即印製著蒂瓦納科古城的圖案（圖4-53），記錄著這座古城曾有過的絕代風華。

圖 4-53

圖 4-54

聖索菲亞大教堂

烏克蘭是歐洲東部的國家，著名的聖索菲亞博物館占地 5 公頃，建立於 11~18 世紀。這裡有一系列美麗的古建築群，其中最珍貴的建築主體就屬聖索菲亞大教堂，這座教堂在 1990 年，被「聯合國教科文組織」列為世界珍貴的文化遺產。

聖索菲亞大教堂（Saint Sophia Grand Church）建於 1037 年，整體建築是巴洛克風格。「索菲亞」在希臘語裡有「智慧」之意。當初建造這座教堂的目的有二：第一是為了慶祝當時的俄羅斯軍隊戰勝突厥；第二是為了讚頌基督教。聖索菲亞大教堂是烏克蘭的宗教、政治和文化中心，這裡存放許多考古文物和建築模型，以及一座古色古香的圖書館，政府官員習慣在這裡接見外國使節或簽訂重要條約。

烏克蘭淡淡粉紅色的 2 元紙鈔上即印著聖索菲亞大教堂（圖 4-54），彷彿可以透過教堂裡的管風琴，彈奏出幸福的樂章。

歐洲的十字路口──塔林

愛沙尼亞是隸屬於北歐的國家，首都塔林（Tallinn）曾經是連接中、東歐和南、北歐的交通要塞，因此又稱為「歐洲的十字路口」。它也是波羅的海沿岸重要的商港、工業中心和觀光旅遊勝地。

塔林老城（old town）在塔林市內是最重要的一個地標，因為老城裡保留下最完整的中世紀歐洲城堡。其中最著名的就是俄羅斯大教堂，這座老城內經常舉行重大慶典和活動，2002 年的歐洲音樂節即在此地舉辦。2005 年，「聯合國教科文組織」將塔林列為珍貴世界遺產。

愛沙尼亞 5 元的紙鈔上是塔林老城的全景圖（圖 4-55），古城前環繞著運河。在波光瀲灩的河流邊舉辦藝文活動，應該是一場美不勝收的精神饗宴吧！

圖 4-55

圖 4-56

奇異的衝突之美——伊斯坦堡

伊斯坦堡位於土耳其境內，地理位置特殊，處在歐洲與亞洲交界處，在這座古城裡隨處可見新與舊、東方與西方文化交錯對比的衝突美感，甚至可以觀賞到伊斯蘭教與基督教文化、歐洲與亞洲地理景觀混亂又調和的奇異風土民情。

伊斯坦堡不僅是一座歷史悠久的古城，也是一座華麗又充滿活力的現代化城市。由於城內融和了羅馬和東方藝術，讓伊斯坦堡留下豐富而迷人的文化遺跡。它擁有特殊的博物館、教堂、宮殿、清真寺、市集，以及迷人的自然風景，更是著名的旅遊景點。1985 年時，「聯合國教科文組織」宣布伊斯坦堡城牆及其所包圍的古城區將列入世界文化遺產名單。

土耳其的 250000 元紙鈔上有座建築物（圖 4-56），就是伊斯坦堡及其周圍建築物的縮影，在藍色的底色下，更凸顯出這座城堡的典雅氣息。

圖 4-57

圖 4-58

博亞納教堂
——索菲亞王冠上的明珠

保加利亞位於歐洲東南部巴爾幹半島上。博亞納教堂（Boyana Church）是保加利亞著名的教堂，被譽為「索菲亞王冠上的明珠」，這座教堂是從一片廢墟上重新修建起來的，始建於 10 世紀末，中世紀時曾是皇宮的一部分，博亞納教堂實際上是由三座教堂所組合的。儘管其建造年代不同，建築風格迥異，但卻奇妙地組成一個和諧的整體。或許因為這三座教堂都有十字形的平面和圓形屋頂的關係吧！

博亞納教堂是保加利亞自 13 世紀以來唯一一個保存完整、展現保加利亞宮廷藝術特點的建築物。其中的壁畫群是保加利亞教堂中最具代表性的作品，為巴爾幹繪畫藝術的代表作。它也記錄了保加利亞的文化歷程，以及曾有過的繁榮歲月。它於 1979 年被列入世界文化遺產目錄。

在保加利亞的 20 元紙鈔正面即是博亞納教堂的簡圖（圖 4-57），鈔票背面則印製了教堂裡最有名的壁畫——新娘傑希斯拉娃（Desislava）的圖案（圖 4-58）。

真正的不夜城——聖彼得堡

聖彼得堡位於芬蘭灣深處、俄羅斯西北部，是俄國第二大城市。18 世紀初，這裡還是一大片沼澤，因為聖彼得堡的建造，開鑿了許多人工運河，在這些運河的聯繫貫通下，才讓聖彼得堡的 42 個小島暢通無阻。除了運河，城內還有 423 座橋梁彼此溝通連結。

聖彼得堡是世界上少數具有白夜（不夜城）的城市，每年的 5 月至 8 月，城中幾乎沒有黑夜，白夜時漫步在靜靜的涅瓦河畔，遙望著蔚藍天空上的北極光，感覺猶如置身在夢幻中。在 1996 年，被「聯合國教科文組織」評定為世界人文遺產保護區。

50 元的俄羅斯鈔票中的建築物，即是位於聖彼得堡市瓦西里島長灘上的原交易所大樓和羅斯特拉燈塔（圖 4-59）。

圖 4-59

圖 4-60

多次慘遭祝融仍不減風采──莫斯科大劇院

莫斯科大劇院位於莫斯科市中心的劇院廣場，是俄羅斯歷史最悠久的
劇院，也是世界上最著名的劇院之一。莫斯科大劇院最早建於 1776
年，但一場大火使它損失慘重，於 1825 年重建。1828 年，再遭祝融
肆虐，幸好在災難不斷之下，仍能保留其迷人風采。

現今呈現在世人眼中的劇院是一座淡黃色的俄羅斯古典建築，內部設
備完善，演出大廳以金色為基調，更顯金碧輝煌，有 6 層包廂，可容
納將近 2000 名觀眾，每年 9 月至隔年 6 月為演出旺季，一般只接受
大型劇目演出。一些規模較小的劇展，或具有實驗性質的作品則會選
擇在附近的小劇院裡進行，每年都吸引著大批國內外歌劇、舞劇和交
響樂的愛好者前來莫斯科大劇院聆賞。

俄羅斯的 100 元紙鈔上即是莫斯科大劇院（圖 4-60），雖不能親臨劇
院欣賞演出，但將這張 100 元鈔票握在手上，似乎離莫斯科大劇院更
近了呢！

城市中心的堡壘──克里姆林宮

俄羅斯的克里姆林宮（Kremlin）有八百年歷史，俄文的意思為「城市中心的堡壘」。相傳歷任沙皇打勝仗後必穿越三聖塔。再經過克里姆林宮，因此人們傳說穿過三聖塔後必會帶來好運。蘇聯解體後，它成為俄羅斯政府的代稱。從 13 世紀起，它見證了俄羅斯從一個莫斯科大公國發展至今日橫跨歐亞大陸的強國。

19 世紀中期，在克里姆林宮又增加了克里姆林宮大廈，宮牆四周有塔樓 20 座。1937 年時，在塔樓上又裝有五角形的紅寶石星，這是世界建築史上不可多得的傑作，宮內還保存有俄國鑄造藝術的傑作，有重達 40 噸的「砲王」和 250 噸的「鐘王」，因此克里姆林宮成為俄羅斯備受珍視的文化遺產。此外，克里姆林宮還享有「世界第八奇景」的美譽，是世界著名的觀光景點。

在俄羅斯的 50 元紙鈔上即可欣賞到這座極富盛名的建築物──克里姆林宮（圖 4-61）。

圖 4-61

紅場上的聖巴西爾大教堂

紅場──聖巴西爾大教堂

紅場總面積約有 9 萬平方公尺，是莫斯科最古老的廣場，位於克里姆林宮東側，雖經多次改建和修建，但仍保持原樣，散發著古樸氣息。15 世紀末，莫斯科發生一場大火，火災後的空曠之地稱為「火燒場」，17 世紀後又被稱為「紅場」。在俄語中「紅色」有「美麗」之意，因此在 1917 年 10 月革命勝利後，紅場成為人民舉行慶祝活動、集會和閱兵的地方。

紅場正前方是聖巴西爾大教堂，係為了紀念伊凡四世（Ivan IV,1533~1584）在 1552 年成功占領喀山而建造的。傳說 1560 年教堂建造完成之後，伊凡弄瞎了所有參與興建該教堂的建築師，因為他不想讓這些建築師們有機會建造出比該座教堂更富麗堂皇的建築，可見這座教堂有多麼美麗非凡了。

復活節的那一週，聖巴西爾大教堂會對外開放，但俄國人民和外國人的票價差距極大，因為它不是天天開放，所以外國遊客總是絡繹不絕。這座教堂雖在 15 世紀興建，又遭逢祝融肆虐，但經過修復後的聖巴西爾大教堂上，著名的九個洋蔥頂仍舊閃耀著繽紛的色彩，彷彿童話故事中的城堡。

俄羅斯 1000 元紙鈔上印製的即是聖巴西爾大教堂（圖 4-62）。

圖 4-62

石頭城辛巴威

辛巴威是非洲南部的內陸國家。「辛巴威」一詞來自於班圖語，為「石頭城」之意，這是因為境內著名的「大辛巴威遺址」。石頭城遺址位於辛巴威維多利亞堡附近的一個山谷中，這裡有一大片石頭建築群，占地 720 公頃，分為三部分，山丘上被稱為「衛城」，高達 120 公尺；以圓柱塔為中心的部分被稱為「神殿」；此間分布著居住遺跡，稱為「谷的遺跡」，這些遺址證明此處曾經有過一段重要的黑人文明（歐洲此時為「黑暗時代」），其中「神殿」的圖案被用於辛巴威的硬幣設計上。石頭城的魅力在 1986 年讓「聯合國教科文組織」將它列為世界珍貴文化遺產。

辛巴威的 50 元紙鈔上即是石頭城的遺跡（圖 4-63）。

圖 4-63

圖 4-64

法老王的陵墓──金字塔

埃及位於非洲北部,和許多古老文明一樣,埃及文明由尼羅河所孕育。在河谷中,舉目可見懸崖峭壁,其次就是沙漠。尼羅河是兩地之間聯繫的要道,也是維持埃及文明整體性的命脈。

埃及的金字塔(Pyramids)建於 4500年前,是古埃及法老王(即國王)死後的陵墓。埃及金字塔的建造過程至今還是個謎。陵墓是用大石塊修砌而成,因形似漢字的「金」字,故譯作「金字塔」。位於吉薩高地的胡夫金字塔(又稱「大金字塔」)是埃及現存規模最大的金字塔,被喻為「世界古代七大奇觀之一」,它建於約西元前 2670 年。據考證,為建立大金字塔,一共動用 10 萬人工,耗費二十年時間。這座偉大的建築物於 1979 年被「聯合國教科文組織」選為世界珍貴文化遺產。

埃及的紙鈔上即可看到金字塔的樣貌,其前為著名的「人面獅身」(圖 4-64)。

以為是海市蜃樓，卻是希巴姆老城，

以為聽到了聖靈之聲，結果是眾人對蒂卡爾的讚聲，

以為過了一千零一夜，殊不知是沙那古城所給予的繽紛細節…

運動與選手，它總是讓人為之瘋狂

5

紅葉少棒讓臺灣在世界發光，

藤球在緬甸人腳下不敢張狂，

阿富汗騎士卯足全力，只為爭奪一隻無頭羊，

不管在何方，運動總是讓人為之瘋狂。

臺灣人的棒球夢

說起「棒球」,臺灣人民各個眉飛色舞。其實臺灣的棒球運動起源於日據時期。1968 年 8 月,紅葉少棒隊在臺東偏遠山區成軍,隊員皆是山區學童,但這群來自山野的學童,竟以優異的打擊技巧擊敗了日本少棒冠軍代表隊,成了名副其實的臺灣之光,使臺灣各地掀起一股紅葉棒球旋風。「紅葉少棒」的光榮,讓多數的臺灣人開始編織一個屬於棒球的夢。

1969 年,由青少年組成的金龍少棒隊獲得參加世界少棒錦標賽的機會,他們不負眾望,一舉奪冠,這雖然只是屬於小朋友遊戲性質的棒球賽,卻是臺灣的第一個世界冠軍,使臺灣棒壇受到了極大鼓舞。因為當時的臺灣在國際局勢不甚樂觀,卻能藉由棒球提振臺灣人的民心士氣,也讓臺灣站上國際舞臺,接受掌聲和喝采,怎不教人感動呢!

從此,棒球在臺灣不再只是棒球而已,它成為民族力量的展現,尤其是自 1971 年退出聯合國之後,每位棒球選手都被視為「棒打洋人」的「民族英雄」。

圖 5-1 是 500 元的新臺幣,紙鈔上是棒球隊隊員們(臺東縣南王國小棒球隊)贏得勝利時高聲歡呼的情景,這種畫面在臺灣人民的印象中一點都不陌生,因為「棒球」早已在臺灣生根、茁壯了。

圖 5-1

CENTRAL BANK O

踢網籃球

緬甸位於中南半島的西北部,是中南半島面積
最大的國家,在經濟方面以農業為主,尤其仰
賴農產品的外銷來賺取外匯。

據歷史記載,藤球的發展已超過一千年的歷
史,有人認為起源於緬甸,也有人認為來自馬
亞西亞,但真相已不可考了。藤球在很久以前
就出現在泰國、緬甸及馬來西亞,是十分普及
的運動,其規則與排球賽類似,介於排球、籃
球、足球之間;不同的是,藤球以腳代手,因
此又被稱為「踢網籃球」。近年來,緬甸藤球
協會不斷努力改良藤球運動,使它由帶有藝術
性的娛樂,逐步轉變為鍛鍊身體的體育運動。

FIVE K

MYANMAR

圖 5-2 是一張由緬甸政府發行的 5 元紙
鈔，其背面印有由六個人組成的藤球大
賽，可見這項運動在緬甸是一項非常普
及的傳統運動。

圖 5-2

運動天地獅子城

新加坡四面環海,是位於馬來半島南端的一個島國。它的歷史充滿香料貿易、海盜傳奇與殖民色彩。7世紀時,新加坡被命名為「海城」,是蘇門答臘古帝國時期的貿易中心。在13世紀,一位蘇門答臘王子首度來到新加坡島遊歷,意外發現一隻像獅子的奇獸,王子描述牠「行動敏捷而美麗,豔紅的身軀,漆黑的頭」,於是將此地命名為「新家普加」即「獅子城」之意。因為獅子的馬來語是「Singa」、都市的馬來語是「Pore」,所以就成了「Singapore」,從此沿用至今。

新加坡是個體驗各式運動的好地方,體育運動早已成為新加坡人民不可或缺的一部分,一到週末,海灘、公園等地都能看到他們暢快恣意地享受流汗的快感。新加坡人在許多運動比賽都有不俗的表現,不論是當地的體育活動或是國際賽事,新加坡人都會熱情地參與。

圖5-3是新加坡的10元紙鈔,背面印著新加坡人民正參與著許多體育活動,包括足球、網球、游泳、划船等,可見新加坡是個體驗運動激情的好地方。

圖5-3

圖 5-4

騎士們的血腥之戰

「阿富汗」原文的含意是「騎士的國土」，是由多民族所組成的國家，多數人民都篤信回教。阿富汗位於亞洲中部，物產並不豐隆，但其特殊的地理位置，自古以來即為異族們遷移及侵略的必經之路。又因為阿富汗本身政權不穩，不斷輪替的結果，使阿富汗長年處於戰火之中，人民生活極度不安。

由於它特殊的地理及環境因素，使得阿富汗全國性的傳統運動具有濃厚的血腥色彩。這項運動是由數十位騎士在廣場中爭奪一隻無頭羊的身體，誰能夠力抗群雄，並將獵物帶至指定終點，再重新繞回場中，就是勝利者，人稱「馬背叼羊」（Buzkashi）。

圖 5-4 是一張 500 元紙鈔，右側印有一群身著阿富汗傳統服裝的騎士，他們各個英姿煥發，展現了阿富汗民族的強健體魄及強悍的民族性格。

見證歷史興衰的一條河

柬埔寨位於中南半島,鄰近泰國、寮國和越南,1 世紀下半葉建國,
9 至 14 世紀的吳哥王朝為其鼎盛時期,舉世聞名的吳哥文明即創建於
此時。但在六〇年代越戰期間,柬埔寨不幸受到波及。從此,這塊土
地就飽受戰火肆虐。1975 年,柬埔寨進行了「三年大屠殺」,當年有
許多柬埔寨政府人員被惡意殺害,屍首骸骨處處可見,彷彿成了人間
煉獄。

奔流的湄公河見證了歷史的是是非非,它將柬埔寨一分為二,河岸上
的船屋點點,許多人都住在船屋,過著依水而生的日子。湄公河經
常在豪雨後氾濫,雨季一到,河水湍急混濁,水位時有暴漲,不論成
人、小孩或牲畜都無一倖免,人民常無家可歸。柬埔寨許多地區因缺
少地下水、井水等設施,當地居民只好直接飲用河水,便衍生不少傳
染病問題。人民的生與死,似乎都得看湄公河的臉色。

圖 5-5 是一張 100 元的柬埔寨紙鈔,紙鈔背面印著數十人乘坐在一艘
船上,大伙兒努力划著船槳要渡河,象徵柬埔寨人民與湄公河搏鬥的
志氣和勇氣。

圖 5-5

圖 5-6

楓葉之國的冰上運動

加拿大的面積排名世界第二，橫跨六個時區，包含十個省分及兩個領地，是個生態天堂，境內有連綿起伏的山脈及幽靜的森林，以及舉世聞名的風景名勝——尼加拉大瀑布。

加拿大境內有許多河流及湖泊，不論釣魚或是水上運動，都是極佳的選擇。而班夫、加拿大洛磯山脈以及卑詩省的惠斯勒滑雪勝地，更讓各國的遊客流連忘

返。當太陽升起時，璀璨的光芒從冰河表面折射出來，光影交錯之際，充滿迷幻的美麗，這就是吸引無數滑雪人一再登臨此地的原因了。

圖 5-6 加拿大的 5 元紙鈔背面，印著一群人在冰天雪地裡玩曲棍球、駕雪車或溜冰的情景，它如實地記錄著加拿大在冬季時，全國人民對冰上運動瘋狂的情形。

長白雲之鄉的極限運動

紐西蘭是位於太平洋西南部的島國，毛利語稱為 Aote-aroa，有「長白雲之鄉」的意思。這裡環境清新、氣候宜人，吸引了不少來自世界各地的遊客，以及移民者來此定居。紐西蘭的景觀也富於變化，北島以火山和溫泉地形為主，南島卻多為冰河和湖泊，差異極大。沸泉、噴氣孔、沸泥塘和間歇泉，都成為紐西蘭的觀光特色。

紐西蘭人積極地從事各項戶外活動，不論是上山下海，甚至空中的戶外活動，都勇於挑戰。根據市場調查報告顯示，紐西蘭人民在運動休閒的花費比其他亞太國家要高出許多，可見紐西蘭人民對體育運動的重視。

圖 5-7 是一張紐西蘭的 10 元紙鈔，背景是紐西蘭獨特高山與湖泊，在這壯麗的大自然景觀下可看到紐西蘭衝浪、滑雪、划船、登山、高空彈跳等戶外活動項目，這張是千禧年的紀念鈔。

圖 5-7

圖 5-8 是 2008 年 8 月 8 日晚上 8 點開幕的第 29 屆奧林匹克運動會之
主會場——國家體育場「鳥巢」，滿足「一群人比賽、另一群人看」的
古典體育精神。

圖 5-8

圖 5-9 奧運比賽項目繁多，最受注目的獎項是水（游泳）、陸（田
徑）、空（體操）。獲得金、銀、銅牌，不但是個人肯定，更是國家的
驕傲。

圖 5-9

圖 5-10 英國北愛爾蘭足球明星喬治・貝斯特（George Best, 1946-2005），他的控球技術無與倫比，擅長頭球攻門、腳上功夫絕佳，曾奪得歐洲足球賽冠軍，雖已逝世，仍為世人津津樂道。

圖 5-11 蘇里南游泳選手安東尼・內斯蒂（Anthony Nesty, 1967~），1988年奧運會男子 100 公尺蝶泳金牌，是歷史上第一位游泳金牌的黑人（黑人一向在游泳比賽，未能出人頭地）。蘇里南為其榮耀發行郵票及鈔票（除國王外，生前很少上鈔票）。

圖 5-12 芬蘭長跑運動員帕沃・魯米（Paavo Johannes Nurmi, 1897~1973）。自十七歲出道到三十七歲退役，在奧林匹克中，創下 22 個長跑世界紀錄及九面奧運金牌。1982 年天文學家發現第 1941 顆太陽系行星，用他的名字「帕沃・魯米」來命名，是世界上第一顆以運動員命名的行星，他的英名永垂不朽。

圖 5-10

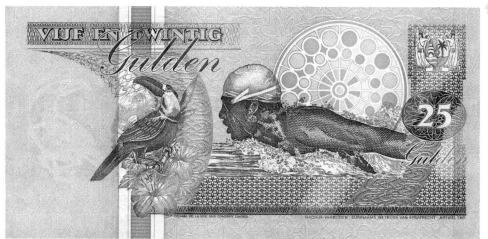

圖 5-11

圖 5-12

圖 5-13 肯亞已成為馬拉松代名詞，世界各地馬拉松冠軍，85% 都被肯亞選手拿走。北京奧運馬拉松金牌得主為肯亞 Samuel Wanjiru 獲得，順便也包辦銀牌，「跑」是肯亞人脫貧唯一出路。

圖 5-14 是蘇格蘭高爾夫球名將 Jack Nicklaus（1940~），他曾拿下 1962、1967、1972、1980 年美國公開賽 4 個冠軍，亦是高球史上第一人。

圖 5-15 香港國際七人橄欖球比賽是香港最重要的國際性賽事，吸引世界各地球隊及球迷前來。2010 年由薩摩亞獲得冠軍，舉國歡騰，真是「小國大志氣」。

圖 5-13

圖 5-14

圖 5-15

除了麵包，

教育是人民的第一需要

貧者因書而富，富者因書而貴，

我想除了麵包，教育將是人民的第一需要。

一命、二運、三風水、四讀書、五積功德

中國人相信富貴榮華一切自有命定，強求不得，不過卻也大力肯定讀書可以改變命運的說法，所謂「一命、二運、三風水、四讀書、五積功德」，雖然命中沒有富貴命，但還是能藉由讀書來擺脫貧困。

圖 6-1 是 1000 元新臺幣，上面印著四名小學生正聚精會神地指著地球儀的某個地理位置進行討論；右邊隱約可見一位女學生在觀察顯微鏡，左邊則是一座天文臺望遠鏡。從這張千元新臺幣中，或許可發現臺灣人民對知識教育的認知已進入教育的本質：「大膽假設、小心求證、做中學」的階段，不再是僵化的填鴨式教育了。可見臺灣政府對於脫離狹隘的海島文化，走向國際舞臺充滿了雄心壯志。

圖 6-1

圖 6-2

語言與道德培養雙管齊下

新加坡是一個由多民族組成的國家，面對此一情況，新加坡第一任總理李光耀提出方針：教育體制應該致力於培養國民團結友愛、共同創業的精神，才能突破多民族產生的藩籬，因此新加坡政府決定藉由教育制度，讓國內各民族對新加坡產生認同感，並產生共同價值體系，一起為新加坡努力、奮鬥。

為了使國民能夠接受統一的道德準則並加強國民競爭力，新加坡政府採用雙語政策，除了要求學生學習英文，還要兼通母語。此外，又推行「資訊科技教育」，使新加坡人民有良好的道德教育，進而培養識字、算術、雙語、體育、創新和獨立思考能力。在新加坡政府的努力推動下，面對日益國際化的競爭環境，新加坡國民確實具有堅強的實力！

圖 6-2 是新加坡 2 元紙鈔的背面圖，由學生認真聽課的專注精神，顯示新加坡政府對教育政策的重視。背後是新加坡三所著名學校：維多利亞學院（Victoria School）、萊佛士書院（Raffles Institution）及新加坡醫學院。

觀光發展所衍生的多角衝突

印尼位在亞洲南端，沿著赤道附近的幾個大大小小島嶼，都是它的屬地。除了幾個發達的都市外，印尼的多數地區仍是原始而落後。因為印尼長期受荷屬東印度公司殖民統治，荷蘭除了大肆掠奪當地盛產的香料、農產品之外，對印尼的建設卻乏善可陳，因此印尼的農業仍停留在原始人力勞動階段。印尼近兩年曾發生經濟崩盤，又接連遭逢政治鬥爭、排華暴動，社會因此動盪不安，直

到印尼的領導人改選後，才讓印尼走向民主之路。

在印尼，有許多著名的度假型島嶼，其中巴里島早已聞名全世界，是著名的度假天堂，然而在開發觀光的同時，印尼人民渴求進步的呼聲與保育人士要求的生態平衡，正衝擊著這個國家下一步的發展策略，對於保存原始景觀、提升人民生活水準，抑或發展觀光收入？這三者該如何取得平衡，都是印尼所有人民該共同思維的。

教育水準提升後，人民才有思維的基礎，在這幾年的總統選舉中，教育問題顯然已成為熱門話題。自蘇西洛擔任總統以後，印尼政府開始積極推動教育制度改革。圖 6-3 是印尼的 20000 元紙鈔，一群學童認真地上課，而老師也盡責地從旁指導。這張紙鈔提醒著所有印尼人民，唯有透過教育才能徹底改變落後與貧窮。

圖 6-3

圖 6-4

不太重視「隱私」的薩摩亞人

薩摩亞位於太平洋南部，由 2 個主島
及 7 個小島組成。薩摩亞人生活悠閒，
別有一番獨特風情，傳說中神奇的麵包
樹產地就在這裡。有人開玩笑說，一個
薩摩亞男人，只要花點時間，種幾棵麵
包樹，就算是一個有責任的男人了，因
為這些麵包樹所結成的果實，足夠吃上
一整年。薩摩亞人會把這種樹上結出的
「麵包」切成小片用火烤，就成了讓人
唇齒留香的美食。

薩摩亞居民坦率開朗，他們的房間和生活點滴可以直接從屋外觀看。他們不像西方人那麼重視「隱私」，也不願設置人與人之間的障礙物和法律條文，若問他們怕不怕小偷，他們總是呵呵一笑地回答：「那種『文明』還沒有傳到薩摩亞啦！」

圖 6-4 是薩摩亞的 5 元紙鈔，印有一位小學童專心寫字的模樣，或許薩國政府終於了解到神奇的麵包樹僅能作為裹腹之用，要讓薩國更具競爭力，唯有透過教育策略，才能提高所有薩國人民的知識水平。

足球制度比教育制度健全

巴西聯邦共和國（The Federative Republic of Brazil）位於南美洲，是南美洲面積最大、人口最多的國家，世界排名第五大國，也是個多種族融合的國家。

巴西教育水平不高，學生每天在校的學習時間很短，平均時間是 4 小時 15 分，留級率是拉丁美洲學生最高的國家，因此窮人想要藉由教育來出人頭地的機會並不大。不過，許多巴西人都抱持一個足球夢，因為巴西的足球制度非常健全，球員的薪水也很高，因此進入足球界發展，成為出人頭地的好途徑。

巴西政府在 2005 年，發現許多工人因為不識字而看不懂警告標語，造成職業傷害，因此政府決定開辦成人識字班，讓工人下班後免費閱讀、算術與基礎科學課程，這不只關懷到勞工安全，更提升了國家發展與競爭力。圖 6-5 這張 1000 元紙鈔印著一群學童正努力學習各種學科的情形，顯示巴西政府要徹底實行全民教育的決心。

圖 6-5

圖 6-6

苦難的國度

安哥拉似乎是個充滿苦難的國度：400 多萬人流離失所，接近總人口
數的 1/3，同時，大約每一萬人當中就有 2.6 個痲瘋病人，9.4% 的安
哥拉人感染愛滋病病毒。2001 年，1.1 萬安哥拉人死於瘧疾、約 400
萬人受到昏睡病的威脅、安哥拉的產婦和嬰兒死亡率排名世界第二、
42.5% 的兒童營養不良……。

從這些令人膽戰心驚的數據，就可以知道安哥拉人民似乎生活在絕望
中。但是從安哥拉的 1000 元紙鈔中（圖 6-6），我們看到一道曙光，
有一群穿著破舊的小學生正聚集在簡陋的茅草屋裡，認真地學習讀書
寫字，或許這張紙鈔是安哥拉政府用來向所有人民宣誓，要透過教育
政策來改變貧窮與落後的決心。

多樹之地──瓜地馬拉

瓜地馬拉的國名來自印地安語，意思是「多樹之地」，境內有高原火山、熱帶林區、火山性砂岸平原。瓜國中有一半以上的土地是茂密的熱帶森林，馬雅文化遺址幾乎是以瓜地馬拉為中心，提卡爾（Tikal）是馬雅古文明的最大城鎮，它是世界上唯一被聯合國教科文組織同時指定為自然與人文的保護區。此外，其所產的咖啡無論是酸度、濃醇度、香味皆是世界一流。但是瓜國人民貧富不均的現象很嚴重，文盲也高達 21%，1%的居民擁有 60% 以上的財富和資源，貧富差距的問題急待解決。

如何解決貧富差距呢？或許瓜地馬拉政府認為藉由教育政策也不失為一個好方法吧！圖 6-7 是一張瓜地馬拉的 5 元紙鈔，背景是一間教室，師生們正和樂融融地在學習。

除了麵包，教育是人民的第一需要

圖 6-7

圖 6-8

圖 6-9

208

聞名遐邇的蒙特梭利

蒙特梭利（Maria Montessori, 1870-1952）是義大利著名的教育學家，她相信對智能不足的兒童來說，最重要的是教育，因此她建議政府應該設立特別學校，為特殊孩童提供特殊教育。1899年，蒙特梭利獲得義大利教育部長圭多‧巴切利（Guido Bacelli）的授命，在羅馬舉行一系列關於精神障礙兒童的教育演講。對外公開演講的同時，蒙特梭利更研究出針對語言課程和數學教育的特別教學法。

1907年，蒙特梭利在羅馬勞工區成立兒童之家，幫助弱勢家庭。她在這個時期得到許多啟蒙和臨床經驗，進而發展出蒙特梭利教學法，此種特殊教學方法已聞名全世界，讓無數兒童受到啟發和幫助。

圖 6-8 是 1000 元的義大利紙鈔正面，印有義大利偉大的教育家蒙特梭利肖像，其背面（圖 6-9）是蒙特梭利正專心地指導小男孩讀書寫字，這張紙鈔顯示義大利政府對教育是不遺餘力的。

貧者因書而富，富者因書而貴

尚比亞位於非洲中南部，旅遊資源豐富，最具代表性的旅遊景點是維
多利亞瀑布，它被「聯合國教科文組織」列為世界第七大自然奇觀。
1964 年，尚比亞宣告獨立。獨立後的尚國與東、西方各國都保持良
好的關係，並接受各國援贈。中國在交通建設方面、北韓在農業計畫
方面，皆予尚比亞相當大之協助，現在尚比亞是非洲最富有的國家之
一。

所謂「貧者因書而富，富者因書而貴」，即使尚比亞在各方面資源不
虞匱乏，但是他們仍然很重視教育問題。圖 6-10 是尚比亞的 2 元紙
鈔，紙鈔右邊是尚比亞的現代化建築，左邊則是一個女老師正用心指
導一個小學童的情景。

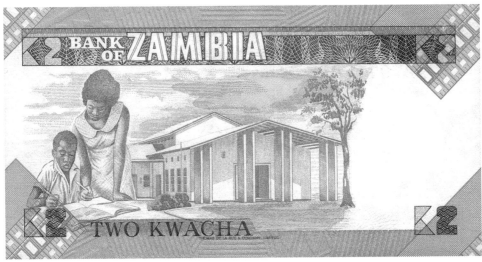

圖 6-10

圖 6-11

被抑制的自由

厄立特里亞是非洲東北部的一個小國家，瀕臨紅海，面積 12.5 萬平方公里，人口約 440 萬人，厄立特里亞是一個小國，也是一個新興國家，但厄國在國際間的關係卻不太好，這和厄立特里亞政府以嚴厲手法壓制新聞自由有很大關係，因此沒有多少國家在該國設立領事館。

厄國經濟狀況不佳，旅遊業是唯一的外匯收入，目前厄國政府正著手增加高等研究學院的質與量，希望能將其推展到一般大學的水準，同時，厄國政府還大手筆的增加各項實驗器材，以方便科學研究。圖 6-11 是厄國的 1 元紙鈔，一群孩子正享受著讀書的樂趣呢！

探索與革新將是

科技與經貿的幕後推手

別以為安哥拉人只會牧羊，

別以為香港人只懂煲湯，

若沒有夢想，就沒有前進的力量，

看完本章，你會有不一樣的感想！

圖 7-1

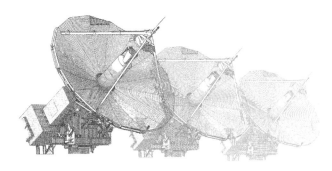

唯有懷抱夢想，才有前進的力量

新臺幣 2000 元正面呈現淡淡的紫色（圖 7-1），上面印有碟型天線、
中華衛星一號，象徵著臺灣對科技化的重視；左邊則是世貿大樓，顯
示著進出口貿易是臺灣的經濟來源。

臺灣是海島型國家，唯有發展經濟、貿易，才能促使臺灣進步，而淡
淡的紫色象徵著浪漫的夢想，雖然科技、經濟、貿易都需要一步一腳
印，才能穩健地發展，但若沒有懷抱夢想，就沒有往前走的動力。藉
由這張 2000 元的新臺幣，證明了臺灣已經具備科技實力，正逐步地
往目標前進！

重視「探索與革新」的加拿大

在 100 元的加幣背面有加拿大的地圖、衛星圖像及通訊天線（圖 7-2）；左側有 Samuel de Champlain 在 1632 年所繪製的最早地圖及探險的獨木舟，充分表達出「探索與革新」的含意。

圖 7-2

城市國家──新加坡

新加坡共和國俗稱星洲或星國，新加坡人自稱為獅城，是東南亞的一個島國，也是一個「城市國家」，位於馬來半島南端，除了本島之外，還包括周圍數個小島。

由於地理位置特殊，新加坡在二次世界大戰前一直是大英帝國在東南亞最重要的據點。1942 至1945 年曾被日軍占據三年半之久，之後回歸英國管轄，1965 年獨立後，由李光耀總理領導，從此，新加坡脫胎換骨，除了以政府官員清廉、法制完善、執法效率高、市容整潔聞名全世界，更以「家長式」的管理方式著稱。如今新加坡已躍升為富裕的發達國家，不僅是「亞洲四小龍」之一，也成為亞洲最重要的金融、服務和航運中心。

右方是新加坡 25 元的紙鈔，不論正面（圖 7-3）或背面（圖 7-4），印在紙鈔上面的圖案都是高聳入雲的摩天大樓，代表著新加坡政府對促進現代化發展有不容忽視的雄心與氣魄。

圖 7-3

圖 7-4

圖 7-5

圖 7-6

218

亞太地區的商業樞紐──香港

香港本是隸屬於中國新安縣的小島，一直都沒有固定名稱，在鴉片戰爭前的中國沿海地圖上，只有在海中畫出一座孤立的小山為代表。但香港位置特殊，是通往中國內地的門戶，也是亞太地區的商業樞紐，憑藉這些優越條件，香港建立了在亞洲國際都會的重要地位。

圖 7-5 是一張 20 元港幣的正面圖案，在紙鈔的左方印有中銀大廈，這是由貝聿銘建築師事務所設計，1990 年完工，此棟建築物高達 367.4 公尺，是香港第三高的建築物，結構上既特殊又嚴謹，採用巨形鋼柱支撐，室內沒有一根柱子，完全是以幾何變化的圖形呈現，讓中銀大廈的外型像竹子，在風水學上正符合「節節高升」的意義，也象徵著蓬勃的生機和精銳進取的精神。建築物基座的麻石外牆，可引申為長城，也代表它發軔於中國。

圖 7-6 是 20 元紙鈔的背面圖，映入眼簾的是一座座雄偉的摩天大樓，這些景象都是香港現代化的象徵。

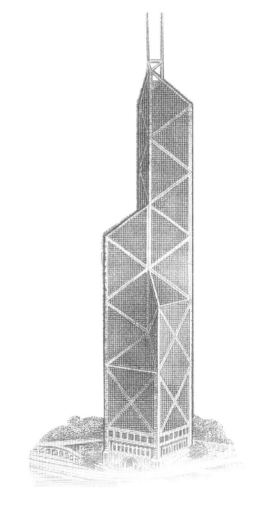

東南亞寶石──馬來西亞

馬來西亞深富文化和歷史價值，更被評
為一個「非旅遊不可」的國家，這是因
為馬來西亞除了有宏偉秀麗的自然景
觀、雄偉壯闊的建築特色外，居民與生
俱來的奔放、熱情，使它享有「東南亞
寶石」的美名。自古以來，這裡一直保
持著熱帶雨林氣息，馬來西亞政府也不
遺餘力地對整體市容進行設計、規劃，
讓馬來西亞呈現出活躍和現代化的都市
景觀。

圖 7-7

圖 7-8

馬來西亞首都吉隆坡的雙子星塔在 1998 年落成，建築高度 451.9 公尺，在全球最高的大樓排名中算是名列前茅，兩座塔都有八十八層樓，承租給各大商業體系。這棟建築物由培利建築設計事務所設計完成，深具特色，建築風格結合了科技創新和具有回教象徵意義的八角星星，這種建築風格與馬來西亞首都建築有明顯的區別，這也讓全球最高大樓的獎座首次脫離美國的掌心，但現已被 2003 年落成的臺北101 大樓（509.2 公尺）、2010 年杜拜哈里法塔（Burj Khalifa, 828 公尺）所取代。

圖 7-7 的 2 元紙鈔印有人造衛星裝置。圖 7-8 的 5 元紙鈔則為吉隆坡著名的旅遊景點：雙子星塔。這兩張紙鈔都代表著馬來西亞已邁向現代化國家之路。

花生國甘比亞

甘比亞共和國（Republic of the Gambia）是一個英語系國家，位於非洲西岸，是非洲最小的國家，面積約 11,300 平方公里，只有臺灣的三分之一。甘比亞的經濟以農業為主，土壤並不肥沃，主要種植花生，因此甘比亞被稱為「花生之國」。

甘比亞共和國是瘧疾肆虐的危險警戒區，醫療資源又嚴重缺乏，在這些種種因素下，人口的平均壽命只有 44 歲，嬰兒死亡率偏高，每 100 個嬰兒出生，就有 8 個嬰兒因為醫療資源不足而死亡。

雖然甘比亞是非洲的落後國家，不過政府想要推動現代化的意圖很明顯，圖 7-9 是甘比亞的 10 元紙鈔，背面印有一個大型的衛星接收器，用來接收人造衛星的訊號，顯示甘比亞已有現代科技的概念了。

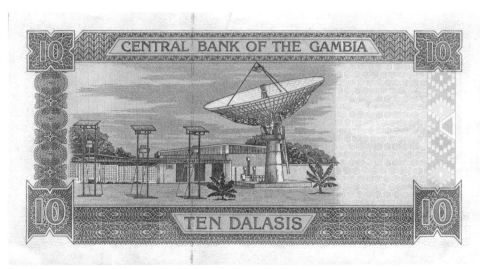

圖 7-9

圖 7-10

經濟潛力無窮的安哥拉

安哥拉位在非洲西南部，西瀕大西洋，在 1975 年 1 月 15 日爭取獨立後，卻沒有享受到獨立所帶來的自由和繁榮，反而長期處於內戰。因為境內到處都是地雷，安哥拉成為世界上殘疾人口比例最高的國家，人數超過 6 萬人。

幸運的是，在安哥拉沿岸發現有蘊藏 80 億桶的石油，內陸也陸續探勘出鑽石，讓安哥拉的經濟潛力瞬間提高，內戰結束後，每年在貿易上共取得 30 億美元以上的盈利。

安哥拉因為探勘出豐富的原油，讓國際各大企業嗅到了商機，安哥拉電訊公司（Angola Telecom）與德國西門子通訊（Siemens Communications）攜手合作，投資 7600 萬美元擴建、更新首都盧安達的固線網絡，姑且不論這項投資會帶來多大商機，但安哥拉的經濟發展及現代化腳步已呈現出蓬勃的生機。

圖 7-10 是安哥拉 50000 元的紙鈔，紙鈔上有個偌大的衛星接收器，顯示安哥拉已走出貧窮落後的非洲小國形象，正一步步朝著現代化科技國家邁進了。

高山與瀑布，大自然的奧祕

8

它，讓歷代皇帝都想登頂封禪，

它，讓騷人墨客都想提筆盛讚，

它，不在中國，卻被稱為「中國寡婦山」，

它，瞬間落水，猶如萬馬奔騰景象。

最壯闊的大自然景觀

世紀奇峰——大霸尖山

新臺幣 500 元鈔票背面印有梅花鹿與臺灣知名的山脈——大霸尖山
（圖 8-1），這座山素有「世紀奇峰」之稱。大霸尖山位於臺灣苗栗縣
和新竹縣的交界處，主峰高 3492 公尺，山形恰似一個圓柱體，四面
都是直立的懸崖，因此當地居民暱稱它為「酒桶山」。

大霸尖山位於雪山山脈稜線的北邊，山勢雖然挺拔壯觀，但是單峰孤
立，四面崖壁更是寸草不生，孤聳傲立。由於岩層呈水平排列，且都
是由堅硬的石英砂岩和礫岩組成，因此不易被風雨侵蝕，才能形成大
霸尖山霸氣的山容，與壯闊的大自然景觀。臺灣的泰雅族與賽夏族人
視大霸尖山為其祖靈的發祥地，因此在他們心目中，大霸尖山是一座
不可侵犯的聖山。

1927 年，臺灣已經有人使用攀岩技術登上大霸尖山，此項記錄的締造
者是一名居住在臺灣的日本學生——瀨古喜三郎。

圖 8-1

圖 8-2　（註：在本鈔票左下角所印的植物為「雞角刺」，產於玉山，在臨床上有抑制腫瘤的療效。）

攻頂不難，取得床位較難的玉山

新臺幣 1000 元紙鈔上印有兩隻帝雉，以及臺灣名山——玉山（圖 8-2）。玉山是臺灣布農族的聖山，鄒族語稱八通關；玉山位於臺灣中部的南投縣、高雄市及嘉義縣阿里山鄉的交界處，主峰高 3952 公尺，更是西太平洋海島群與東亞地區的最高峰，甚至高於日本富士山，在日治時期有「新高山」之稱，與第二高山雪山及能高山並稱「臺灣三高」。在著名的臺灣百岳中，玉山與雪山、秀姑巒山、南湖大山、北大武山合稱「臺灣五岳」，為臺灣最具代表性的高山，是登山客眼中一生必挑戰的山峰。時下常說臺灣三鐵：登玉山、鐵馬環島、橫渡日月潭。

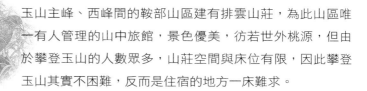

玉山主峰、西峰間的鞍部山區建有排雲山莊，為此山區唯一有人管理的山中旅館，景色優美，彷若世外桃源，但由於攀登玉山的人數眾多，山莊空間與床位有限，因此攀登玉山其實不困難，反而是住宿的地方一床難求。

中華民國九十年製版

圖 8-3

氣勢懾人的帝王峰──南湖大山

新臺幣 2000 元鈔票的圖案是櫻花鉤吻鮭與南湖大山（圖
8-3）。南湖大山位於臺灣的中央山脈主稜線北側，隸屬於太魯
閣國家公園，橫跨花蓮縣與台中市，海拔 3740 公尺，為中央
山脈主稜線北段的最高峰，也是臺灣的第四高峰，因為它的山
形雄渾壯觀，氣勢懾人，故被封為「帝王峰」，更是許多登山客
所嚮往的登山天堂。

南湖大山副峰有一山邊小盆地，這裡有珍貴的圈谷遺跡。獨特
的土壤和氣候，孕育出特有的植物生態，為自然學者眼中的寶
庫。由於南湖圈谷的海拔高，緯度亦偏北，故每年的 12 月至
翌年 4 月，整座山的山巔白雪皚皚。直到 5 月間，氣溫回暖，
圈谷的寒原、岩原植物群芳競艷，為南湖大山妝扮出一地花
彩。

天下第一山──泰山

泰山位於山東省中部，與孔子故鄉曲阜相鄰，地處中國境內東側，古有「東嶽」之稱，風景壯麗磅礡，山形拔地通天，故名列為五嶽之首，更享有「五嶽獨尊」、「天下第一山」的美譽。

中國自古即對「泰山安，四海皆安」這句話深信不疑，因此從秦始皇、漢武帝到清代帝王，都曾親自登臨泰山，或封禪，或祭祀；若有重大事由時，帝王們甚至會選在泰山上建立廟宇、塑立神像，最後還會刻石題字以茲紀念。中國文人對泰山更是推崇備至，拜訪泰山者如過江之鯽，並題詩作文，留下墨跡。泰山的自然景觀雄偉，且人文薈萃，兩者交互融合，使得泰山擁有重量級的地位，還吸引世界各地的遊客前往參訪。

人民幣 5 元（圖 8-4）的紙鈔上印有類似水墨畫的泰山圖案，更凸顯了泰山景致的雄偉壯麗。

圖 8-4

圖 8-5

五百里黃山

人民幣外匯兌換券的 5 元紙鈔上高聳著一座氣勢磅礴的大山──黃山（圖 8-5）。黃山位於中國東部安徽省南部，南北長達 40 公里，東西寬約 30 公里，面積約 1200 平方公里，其中精華部分大約占地 154 平方公里，號稱「五百里黃山」。黃山原稱「黟山」，充滿了神靈傳說，據說中國的始祖軒轅黃帝曾在此修煉升仙，當雲霧繚繞之際，確實增添這座山的靈氣。唐天寶六年（747 年）6 月 16 日才改名為黃山，這一天還被唐玄宗欽定為黃山的生日。

黃山的資源豐富、生態完整，為具有生態環境價值的國家級風景名勝區，也是最佳避暑勝地，不論是自然或人文景觀俱佳，無數的詩人、畫家和藝術家都為之傾心，留下難以計數的藝術作品，從盛唐到晚清的 1200 年間，讚美黃山的詩詞可查到的就有兩萬多首之多。

喜馬拉雅山脈及聖母峰

喜馬拉雅山脈貫穿中國、印度、尼泊爾、巴基斯坦、緬甸、不丹和阿富汗七個國家,它的山勢綿延,在全世界高達 7000 公尺的 66 座主峰中,就有 43 座在喜馬拉雅山山脈,因此喜馬拉雅山脈被公認是世界最高山脈。

聖母峰(又稱埃菲勒斯峰,Everest),藏語為「珠穆朗瑪」,就是「大地之母」的意思,是喜馬拉雅山的主峰,也是世界最高峰,海拔高度為 8848 公尺,被稱為「世界三極」,另外的兩極為南極、北極。1953年,紐西蘭人艾德蒙・希拉利(Edmund Percival Hillary)首度登上聖母峰。

由於喜馬拉雅山涵蓋的地區廣大,所以有許多國家的鈔票圖案都以其為主題。印度的 100 元紙鈔上可以看到整個龐大的喜馬拉雅山山系(圖 8-6);而中國的 10 元紙鈔上呈現出壯麗高聳的聖母峰(圖8-7);尼泊爾的 5 元紙鈔(圖 8-8)則以尼泊爾的位置向上仰望聖母峰的樣貌而設計。紐西蘭的 5 元紙鈔(圖 8-9)則是在聖母峰旁繪出艾德蒙・希拉利的肖像。

圖 8-6

圖 8-7

圖 8-8

圖 8-9

筆者的喜馬拉雅山脈賞峰證書

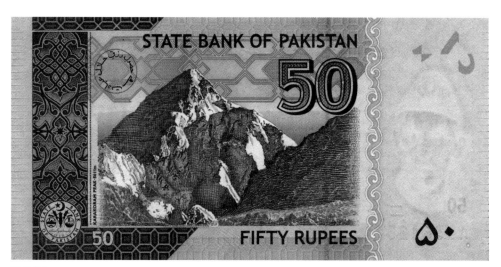

圖 8-10

巴基斯坦 50 元（圖 8-10）是奧斯騰峰（Godwin Austen Peak，簡稱 K2 峰），世界第 2 高峰，為中國與巴基斯坦界山，海拔 8611 公尺。在世界十四座 8000 公尺高峰中，陡峭峻拔、君臨天下、誠帝王之峰，也是最難攀登的一座，每五人登頂，就有一人喪生。

1857 年測量隊長孟哥（Montgomerie）深入喀拉崑崙山觀測，發現有兩個金字塔般之山峰高聳在山脈中，分別命名 K1 及 K2，K 為喀拉崑崙山（Karakoram）的第一個字母，K2 稜角分明、睥睨群倫。1861 年登山家哥德文．奧斯騰（Goldwin Austen）攻頂未成，為紀念他的探險壯行，將此峰用其名命名──奧斯騰峰，1954 年由義大利人登頂成功，因 K2 之名簡潔有力，西方人士慣稱 K2。

日本聖山──富士山

圖 8-11 是日本 500 元紙鈔，背面是日本第一高峰──富士山，海拔 3776 公尺，氣勢雄渾，其他山峰難以超越，圓錐形的山姿秀麗優美，常常被日本人用來當成繪畫和文學創作的題材，它更象徵著日本的精神，舉世聞名。富士山周圍有富士五湖和青木原樹海，還有一個著名的神社，這是因為富士山會噴出火山熔岩，居民為了鎮壓住噴發現象而建造的。每年夏末，日本人都會舉行封山祭祀活動。

日本人把富士山奉為「靈峰」、「聖山」，也視櫻花樹為「神木」、國花，它們都是日本精神的象徵。1868 年明治維新前，在重男輕女的觀念下，還曾禁止婦女攀登富士山。現在每逢櫻花盛開時節，不論男女老幼都會到此賞櫻、集會，瞻仰「聖山」。

圖 8-11

圖 8-12

中國寡婦山──馬來西亞神山

馬來西亞的 1 元紙幣上有一座美麗的山，此山是馬來西亞的神山（圖8-12），位於馬來西亞沙巴州的京拿巴魯山（Kinabalu），擁有東南亞第一高峰的封號，崢嶸的山勢令人肅然起敬，因此被當地人尊稱為神山，海拔 4101公尺，又被稱作「中國寡婦山」。

關於「中國寡婦山」有個悲傷的故事：古時候，一對在中國廣州外海捕魚的兄弟，不慎遇到颱風，隨著大浪漂流至沙巴，兄弟倆在因緣際會之下，就在當地娶妻生子，由於思鄉甚殷，便協議讓哥哥先回鄉探親，之後再帶大家回故鄉團圓，怎知哥哥就此失去音訊，大嫂每天站在山上癡癡地遙望大海，直到老死。後人便把此山命名為「中國寡婦山」。

神山是許多登山者嚮往的天堂，從神山上頭俯視而下，可以看到熱帶雨林、沼澤、河流、濕地和海洋，多變的自然景觀更孕育出不少的珍禽異獸、奇花異卉和海洋生態。

吉爾吉斯最高峰—— Pik Pobedy

吉爾吉斯是中亞的一個小山國，也是古代絲路的必經之地，在吉爾吉斯有個城市——托克馬克市，據說是中國著名詩人李白的故鄉，因為天山山脈環繞著吉爾吉斯，國境之內多為高山、山谷、盆地地形，四周皆是超過 3000 公尺的高山，山巔上終年積雪，風景優美，這裡彷彿是傳說中的仙境，難怪李白有「天上謫仙人」的稱譽，詩風也多為浪漫豪逸之作。

吉爾吉斯的最高峰為 Pik Pobedy，高達 5539 公尺，為天山山脈的延伸，這裡多為游牧民族，塞外的湖光山色有如詩畫般的美麗與浪漫，置身其間，宛如人間仙境。

圖 8-13 為吉爾吉斯的 100 元鈔票，以綿亙的群山來反映吉國壯闊的景色。

圖 8-13

圖 8-14

亞洲最高休眠火山—達馬萬德山

伊朗位於西亞，古稱波斯，是一個擁有
四千多年歷史的文明古國。達馬萬德
山（Damavand Mountain）是伊朗
最高峰，也是亞洲最高的眠火山（休眠
火山），海拔 5671 公尺，山勢雄偉，夏
天時融化的雪水，滋養著山下的田野。
Dizin Resort 小鎮位在此山一隅，到了冬
天則是著名的滑雪勝地。

在伊朗的 10000 元紙鈔（圖 8-14）上，
可以看到達馬萬德山的全景，美不勝收。

偉大的小山國──尼泊爾

尼泊爾位於南亞,是一個風景優美的深山小國,曾是亞洲的交通要塞,也是來往印度、西藏、中國的必經之路。右頁是尼泊爾的鈔票,分別為 1 元(圖 8-15)、5 元(圖 8-16)、20 元(圖 8-17)、50 元(圖 8-18)。四張鈔票的背後都有高山和動物的圖案,顯示尼泊爾的地理環境與山脈有密切關係。

在全世界的鈔票中,尼泊爾鈔票的圖案與新臺幣 500 元、1000 元、2000 元背面:有山有動物最相似。世人稱尼泊爾為「偉大的小山國」,這是因為全球著名的十大高山中,有八座就位在尼泊爾境內:聖母峰,8848 公尺;干城章嘉峰(Kanchenjunga),8586 公尺;洛子峰(Lhotse),8516 公尺;馬卡魯峰(Makalu),8463 公尺;立奧禹峰(Cho-Oyu),8201 公尺;道拉吉里峰(Dhaulagiri),8167 公尺;馬納斯盧峰(Manaslu),8163 公尺;安納布爾納峰(Annapurna),8091 公尺。

尼泊爾在山脈環繞中,有座舉世聞名的奇旺國家公園,是亞洲最大的森林地,育有珍貴稀有的野生動物,在 1984 年被列為世界自然遺產保護區。

圖 8-18 的山峰為阿瑪達布拉姆峰(Amc Dablam),6828 公尺,鳥為國鳥棕尾虹雉(Danphe Bird)。

圖 8-15

圖 8-16

圖 8-17

圖 8-18

圖 8-19

與政治有不解之緣的索莫尼山

塔吉克為中亞的一個內陸國，該國於 1929 年加入蘇聯，至 1991 年宣布獨立，並改名為塔吉克共和國，之後加入獨立國協。

科學家曾在塔吉克境內的帕米爾高原勘察，找出塔吉克的最高峰，高 7495 公尺，也是蘇聯境內的最高峰，當初是以蘇聯總書記的名字為此山命名——史達林峰（Stalin Peak）；於 1962 年更名為共產主義峰（Gormo Peak）；塔吉克於 1991 年蘇聯解體後獨立，山名又更改為索莫尼山（Somoni Peak），索莫尼為塔吉克的開國者。觀察這段更改山名的歷史，不難發現這座山與政治一直有不解之緣。

在塔吉克的 3 元紙鈔上即繪有這座秀麗的高山（圖 8-19），遠看山勢高聳蒼翠，非常迷人，不知政治是否也和這座山一樣美麗誘人，才吸引這麼多人前仆後繼？

註：3 元幣值甚少見，且大多是共產國家發行的。

諾亞方舟最終停泊地──亞拉臘山

亞美尼亞位於亞洲與歐洲的交界處，是一內陸國。1917年，亞美尼亞被英國和土耳其所占領，這段歷史成為亞美尼亞人心中永遠的痛，著名的悲劇電影「A級控訴」就是描述在這段期間亞美尼亞人被土耳其軍政府集體屠殺事件（Armenian Genocide）的紀錄片，影片雖在探討「真相」與「否認」的辨證主題，但整個故事強烈地抒發那些無辜被屠殺者的深層痛楚。

電影描述亞美尼亞導演索拉揚，到多倫多重建這段發生在九十年前，超過百萬的亞美尼亞人被土耳其人大屠殺的歷史事件，片名取名為「Ararat」（亞拉臘山），亞拉臘山相傳是「諾亞方舟」的最終停泊地，一直是亞美尼亞人民的精神象徵。

亞美尼亞的50元紙鈔上印著一對年輕男女在亞拉臘山山下跳舞的情景（圖8-20），男舞者的雙手各握著一把刀，這種對比的手法似乎在提醒亞美尼亞人不能忘記曾被屠殺的歷史，一時的歡樂是永遠無法澆熄心中的傷痛！鈔票下方有「馬刀舞」譜曲，十分悲壯。

圖 8-20

圖 8-21

人間天堂──少女峰

歐洲阿爾卑斯山脈的最高峰是法國的白朗峰（4807 公尺），最美麗的山脈則是瑞士的少女峰。少女峰終年積雪，有壯麗的冰河，充滿靈性與迷人氣質，這裡還是一個四季都可滑雪、賞雪、登山的旅遊勝地。

瑞士位於歐洲中部，是一個內陸國，也是永久中立國。多年來，它一直以進步的民主與強大的經濟實力著稱；金融、鐘錶、觀光為瑞士的三大經濟命脈，圖 8-21 即為瑞士的 20 元紙鈔，紙鈔上可看到一群興致高昂的遊客在少女峰快樂的滑雪嬉戲，是名副其實的人間天堂。

世界最長山系——安第斯山脈（Andes Mountain Range）

安第斯山脈全長 9000 公里，整個山勢綿延了 7 個國家，幾乎是喜馬拉雅山脈的三倍半，是世界最長的山系，不但山勢雄偉，也擁有最壯觀的自然景觀，風景更是絢麗多姿。

安第斯山脈有許多海拔 6000 公尺以上的高峰，山頂終年積雪，最高峰為阿根廷的阿空加瓜山（Aconcagua）6962 公尺，也是全世界最高的死火山。

圖 8-22 的 10 元紙鈔是玻利維亞的鈔票，在一片聚集的建築物背後是安第斯山脈；圖 8-24 是祕魯的 500 元紙鈔，印有雄偉壯觀的安第斯山脈。雖然鈔票印上的都是安第斯山脈，但在不同的國家卻呈現出不同的風貌，可見安第斯山脈的寬廣遼闊，以及腹地的廣大。

圖 8-22

圖 8-23

圖 8-23 為祕魯 500 元紙鈔，圖上為瓦斯卡蘭山（Nevado Hwas-caran）海拔 6768 公尺，為祕魯最高峰。1970 年強震，造成逾 2 萬人死亡。

圖 8-24

圖 8-24 為坦尚尼亞 2000 元紙鈔，非洲獅背後為非洲第一高峰吉力馬札羅山（Mount Kilimanjaro），5895 公尺，位於赤道但終年積雪。

南韓探險家朴英碩是全世界第一位完成「探險大滿貫」的探險家，登頂8000 公尺高峰共 14 座攻克、全球七大洲最高峰（含南極洲最高峰文森峰 4897 公尺、北美洲最高峰麥肯尼峰 6164 公尺、大洋洲最高峰卡茲登茲峰 4884 公尺，其餘見前述）以及到達南北二極點的探險。

──從高山到火山──

自然界的不定時炸彈──火山

火山是一種特殊的地質結構,依火山的活動情況可分為三類:即活火山、死火山和休眠火山;其中休眠火山比較特別,係指在人類歷史的記載中曾經噴發,後來卻一直未見其活動的火山,但它仍有可能甦醒,成為活火山。

所謂火山爆發是指在火山深處的高溫岩漿及氣體、碎屑從地殼中噴出。火山噴發的強弱與熔岩性質有關,噴發時間有長有短,短則幾個小時,長者可達上千年。

火山爆發是一種嚴重的自然災害,且火山爆發時常伴隨或大或小的地震,對人類造成相當大的危害。但火山噴發也可能擴大陸地的面積,某些火山還就此成為風景區,進而帶動觀光旅遊業的發展,以下將介紹三座被印在鈔票上的火山。

非洲最危險火山——剛果尼拉貢戈火山

位於非洲中部的剛果共和國，其國境橫跨赤道南北。它曾經是法國的殖民地，因此該國通用法語，直至 1960 年才獲得獨立。尼拉貢戈火山（Nyiragongo）是剛果民主共和國境內的火山之一，地處東非大裂谷，屬維龍加火山群的一員，為非洲最危險的火山，主火山口深達 250 公尺，寬 2 公里，擁有世界上少見的熔岩湖，目前仍不清楚這座火山是在多久以前開始爆發的，但從 1882 年至今，它最少爆發了 34 次，尤其以 2002 年尼拉貢戈火山大規模爆發，所造成的損失最為慘重，至少有 50 萬人無家可歸。

剛果的 1 元紙鈔上即印有還冒著濃濃煙硝的尼拉貢戈火山（圖 8-25），看來剛果人民對它懷有深深的恐懼。

圖 8-25

聲震一萬里的喀拉喀托火山

東南亞的印度尼西亞共和國（Republic Indonesia）簡稱印度尼西亞或印尼，係由上萬個島嶼所組成，是全世界最大的群島國家，疆域橫跨亞洲及大洋洲。

喀拉喀托火山位於印尼境內，是近代噴發最猛烈的活火山，海拔高達813公尺，自上一個世紀以來已發生過連續性的噴發，其中以1883年8月27日的大爆發最猛烈，曾使一座海島崩塌大半；火山灰噴發到高空後，更隨氣流飄散至全球，這些火山灰經陽光照射後，在天空呈現奇妙的紅暈，時間竟能維持一整年。此後，在1935年、1941年時又多次噴發。這座火山長年都冒著蒸氣，一直到1970年代起，此座火山才逐漸趨於平靜，也吸引了不少旅遊、體育及科學研究工作者登山觀察研究。

印尼的100元紙鈔上印著爆發的喀拉喀托火山（圖8-26），圖案上的火山彷彿還燃著熊熊烈火，正所謂「聲震一萬里，灰撒三大洋，奪命千千人！」可以想見當年火山爆發的威力。

圖 8-26

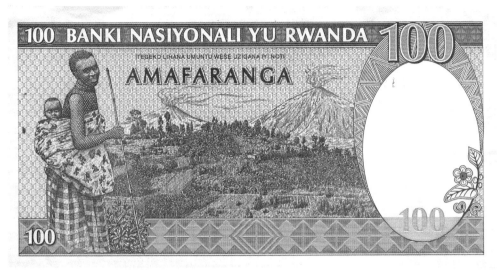

圖 8-27

盧安達的維龍加火山

盧安達位於非洲中部偏東，是世界上最貧窮的國家之一。境內居民主要為胡圖與圖西兩個種族；前者務農，皮膚黝黑，輪廓扁平；後者畜牧，皮膚較白，輪廓較為深邃，但這些外表差異不足以造成兩個種族不共戴天的仇恨，而是要歸咎歐洲殖民政府為了統治方便，不斷地挑撥族群議題，間接造成了兩者的誤解與冤仇。1994 年 4 月，哈比瑞瑪那總統因搭乘的飛機遭到砲彈擊中而身亡，正好引爆了歷史上最恐怖、最悲慘的大屠殺，胡圖族直接闖進圖西族家中大肆屠殺，在短短的百日之內，造成

八十萬人喪生，這就是著名的「盧安達大屠殺」。

除了政治屠殺事件引起世人注目外，在盧安達西北部有一連串火山鏈延伸的崎嶇地形，為大裂谷的一部分，這裡有盧安達著名的維龍加火山國家公園（Virunga），在盧安達的 100 元紙鈔上有它的全景圖（圖 8-27）。維龍加火山公園被六座巨大的威倫佳火山群所圍繞，以豐富的動植物及高山大猩猩聞名於世，維龍加火山公園就以這些特殊景觀吸引觀光客的目光，為盧安達帶來可觀的觀光收入。

有山就有水，所謂仁者樂山，智者樂水；在〈列子•湯問〉有段故事，春秋時代伯牙善於彈琴，好友鐘子期能聽琴意，有回說琴音像泰山般高聳；有回說如龍門（瀑布）般壯闊，「知音」故事，流傳千古。我們看了許多高山的鈔票，再來欣賞瀑布的紙幣，來當「高山流水」的知音吧！

圖 8-28

伊瓜蘇瀑布（Iguazu Falls）是世界最寬大的瀑布，位於阿根廷與巴西邊界上伊瓜蘇河與巴拉那河合流處，形成馬蹄形瀑布，高 82 公尺、寬 4 公里，1984 年為聯合國教科文組織列為世界自然遺產，也被列為「世界新七大自然奇觀」。圖 8-28 是自阿根廷觀賞的瀑布，圖 8-29 是自巴西觀賞的瀑布，二國景色截然不同，另有一番感受（建議：上午在巴西看，下午在阿根廷看）。

圖 8-29

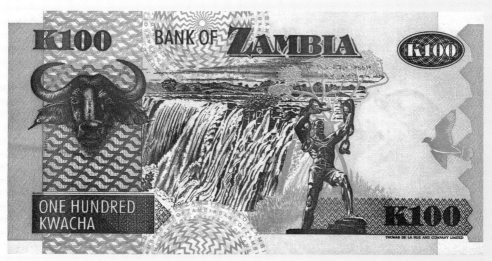

圖 8-30

圖 8-31

維多利亞瀑布（Victoria Falls）是英國探險家大衛·李文斯頓（David Livingstone）在 1855 年所發現，為對英國女王維多利亞的崇敬，用其名命名。它位於辛巴威（占 80%）與尚比亞（占 20%）之交界處，是非洲尚比西河之斷層造成，橫寬 1700 公尺、高 107 公尺，雖居伊瓜蘇瀑布之後，但瞬間落水量世界第一，風吼雷鳴、驚心動魄，在 1989 年列為世界自然遺產。圖 8-30 之尚比亞 100 元及辛巴威 100 兆元（世界金氏紀錄最多 "0" 鈔票），可看到如萬馬奔騰景象。

位於委內瑞拉的天使瀑布（Angel Falls）為紀念美國探險家 James Crawford Angel 而命名，他在空中對瀑布進行考察而墜機，為世界最高的瀑布。寬 150 公尺，總落差 979.6 公尺，將近 1 公里，為尼加拉瓜瀑布高度的十八倍，陡壁直瀉、十分壯觀，圖 8-32 是天使瀑布的面貌。

亞洲最大的孔恩瀑布（Khone Falls），位於寮國湄公河上（圖
8-33）。總寬 9.7 公里，落差 20 公尺，號稱世界最寬瀑布。

圖 8-32

圖 8-33

圖 8-34

圖 8-35

中國最大的瀑布，黃果樹瀑布，因當地
有一種植物叫「黃果樹」而得名，位於
貴州西部鎮寧縣和關嶺縣支流的河上，
高 78 公尺、寬 83 公尺（圖 8-34），中
國列 5A 的國家風景區。

圖 8-35 為中國黃河最大的壺口瀑布，
寬 30 公尺、深 50 公尺，與黃果樹瀑布
及德天瀑布為中國三大瀑布。

凱厄圖爾瀑布（Kaieteur Falls）位於圭亞那中部埃塞奎博河支流波塔羅河上，瀑布景色壯麗，高 226 公尺、寬 91-106 公尺（圖 8-36）。「凱厄」是一古酋長名字，為和平犧牲自己生命；「圖爾」是瀑布之意，用其名為瀑布命名。

青尼羅河瀑布（Blue Nile Falls）是東非衣索比亞的瀑布，寬 400 公尺、高 40 公尺（圖 8-37），是非洲第二大瀑布（維多利亞瀑布第一），是該國著名旅遊景點。

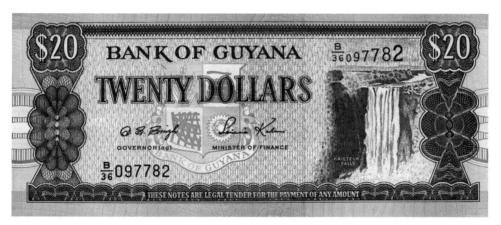

圖 8-36

圖 8-37

特殊動物與
傳統十二生肖，美麗的標章

帝雉不用再承悅天皇，

大象不用再為馬戲趕場，

貓頭鷹不用再為哈利波特送信奔忙，

因為這次，牠們將化身為國家的美麗標章。

無與倫比的美麗

失而復得的梅花鹿

梅花鹿（Formosan sika deer）是臺灣的特有生物，因為牠的背上
有美麗的白色紋路，狀似梅花而得名，原本在臺灣中低海拔的平原及
丘陵地，都可以看到牠們的蹤影。荷蘭人入主臺灣後，大量獵捕梅
花鹿，1638~1639 年間獵取近 12 萬張的鹿皮。此外，臺灣人口的增
加，也造成梅花鹿的棲息地萎縮，臺灣最後一隻野生梅花鹿於 1969
年絕跡，僅剩人工飼養的梅花鹿。

梅花鹿的獵捕係緣於牠的可利用價值很高，除了食用的價值，還具有
滋補的療效。據《本草綱目》記載，鹿的角、筋、血、膽、髓，都有
強身效果，連鹿皮都能製成美麗的皮雕飾品。

臺灣政府從 1984 年開始推動梅花鹿的復育計畫。在保育機構與學術
單位的共同努力下，以臺北動物園的梅花鹿作為復育的開始。臺灣政
府甚至將牠美麗的身影放在新臺幣 500 元的鈔票上（圖 9-1）。

圖 9-1

圖 9-2

鳥中之王
——帝雉（Mikado Pheasant）

臺灣特有鳥類——帝雉，在日治時期，日本人視其為鳥中之王，足以承悅天皇，而取名為帝雉。帝雉分布於臺灣的中、高海拔山區，甚至在 3850 公尺的高山附近也有牠的蹤影，為臺灣雉科鳥類中棲息於最高海拔者，現在帝雉已被列入國際動物保護聯盟的紅皮書中。

帝雉的個性優雅嫻靜，羽毛華麗耀眼，高貴雍容的氣質更是名聞世界。帝雉的領域性強，除了在繁殖季時，很少有兩隻以上同時出現。神祕的帝雉棲息於玉山國家公園，但牠們的數量不多。臺灣政府對於帝雉的調查與研究尚不夠深入，應再投入更多資源，以及建立有系統且完整的資料，不應只是消極的保護。

新臺幣的 1000 元紙鈔上可以看見一對帝雉的美麗身影，以及帝雉生長的山林——玉山（圖 9-2）。

生物史上的奇蹟——櫻花鉤吻鮭
（Salmo Formosan）

位處亞熱帶的臺灣能有櫻花鉤吻鮭這種冰河時期所遺留的魚類，可說是生物史上的奇蹟，具有特殊的學術意義，故櫻花鉤吻鮭是臺灣最珍貴的國寶魚。每年10月，櫻花鉤吻鮭會從大海溯河而上，洄游到牠出生的河流上游交配、產卵，魚卵孵化成小魚後會游出海。由於櫻花鉤吻鮭洄游河流上游時，魚身的顏色會變紅，和春季開放的櫻花相互輝映，因此而得名。

鮭魚是溫帶魚類，必須生長在水溫攝氏十六度的溪流中，理論上臺灣應不會有鮭魚才對，據推論，大約在1萬多年前，冰河期接近尾聲，由於地殼的劇烈升降，臺灣地形隆起，氣溫升高。平緩的河川變為陡峭、短急，櫻花鉤吻鮭無法生存。唯獨大甲溪上游平坦的地形，保存了櫻花鉤吻鮭的生活環境。但是該溪的水溫又過高，在中游又形成一個小斷層，阻止了櫻花鉤吻鮭洄游大海的機會，於是櫻花鉤吻鮭遂成為「陸封性鮭魚」。目前在雪霸國家公園的七家灣溪中，可以見到國寶魚櫻花鉤吻鮭的身影。

臺灣的生態保護專家從1985年展開對櫻花鉤吻鮭的復育工作。在臺灣的2000元鈔票上，即有櫻花鉤吻鮭的美麗樣貌（圖9-3）。

圖 9-3

圖 9-4

沙漠之舟——駱駝

西非的撒哈拉沙漠，雖然看似了無生氣，卻棲息著許多能適應沙漠乾旱氣候的動物，例如駱駝。非洲駱駝為單峰，且多為人類所馴化飼養。

駱駝具有超乎異常的適應能力，適合居住在險惡的沙漠環境。駱駝在沙漠中往返，替人類運載商品；為了保留水分，可以連續好幾天不飲水，且體溫會提高，以減少排汗量。此外，駱駝的排泄物是高濃縮的尿液和乾燥的糞便，牠的牙齒特殊，可以咀嚼沙漠中粗糙堅韌的植物，駝峰裡所儲存的脂肪可以讓牠存活一段相當長的時間。牠們被稱為沙漠之舟，是橫渡沙漠時的好夥伴。

西非法郎的 1000 元紙鈔上，即有牠們的身影（圖 9-4）。

陸、海、空──水羚、石斑魚、冠蕉鵑

西非法郎的鈔票上有許多動物的足跡，可以分成陸、海、空三種。陸地的動物有非洲水羚，出現在 5000 元紙鈔上（圖 9-5）；2000 元紙鈔上的是海裡的非洲石斑魚（圖 9-6）；而空中的動物則是美麗的冠蕉鵑，出現於 10000 元紙鈔上（圖 9-7）。跟臺幣上的動物相似：陸──500 元的梅花鹿，海──2000 元的櫻花鉤吻鮭，空──1000 元的帝雉。

圖 9-5

圖 9-6

圖 9-7

265

最美麗的海陸空動物鈔票──法羅島

位於北極圈的北歐丹麥屬地「法羅島」，其一系列的鈔票結合了濃厚
藝術風，鈔票上的圖案係由大師 Cz. Slania 雕刻繪成。雖然一般人很
少會到這個國家，但「法羅島」一系列關於陸海空動物的鈔票，確實
值得一探究竟。

法羅島 50 克朗鈔票上的主要圖案為「陸」的綿羊，乍看形似海螺，
其實是選取綿羊頭上的「羊角」（圖 9-8）。顯然是因為綿羊為法羅島
的重要經濟來源，故以其作為鈔票的主要圖案。此張鈔票被世界紙鈔
協會票選為 2006 年年度最佳鈔票。

100 克朗的鈔票上選擇了「海」的鱈魚（圖 9-9），也是只選取局部的
圖案──「魚尾」作為主視覺。由於捕魚及魚產加工行業是法羅島的
重要出口項目，故鱈魚在法羅島占有一定的地位。

圖 9-8

圖 9-9

圖 9-10

200 克朗的鈔票上則是選擇了「空」的
鬼臉蛾「展翅」的姿態作為主要圖案
（圖 9-10），展現在鈔票上的是精巧且
複雜的雕刻技巧，是極為難得的藝術
珍品，並於 2005 年榮獲世界紙幣協會
（IBNS）評為最佳紙幣第二名。

鈔票的主圖多選用法羅島的動物，以及
另一面當地水彩畫家所創作的風景畫。
由於鈔票使用黑色凹版印刷，更顯精
美。

悠閒的海龜與海魚

在蒐集的鈔票中大多是陸上動物及空中鳥類,較少有海上(水中)動
物的設計!在印度洋上、非洲南部的國家葛摩,有一張 1000 元葛摩
幣的海魚,被選為 2007 年世界最佳紙幣(圖 9-11)。另一張 2500 元
葛摩幣上是隻非洲綠海龜,悠閒地趴在海灘上(圖 9-12)。圖 9-13 為

圖 9-11

圖 9-12

巴西 100 元的鈔票，鈔
票上是東大西洋石斑魚
（Dusky Grouper）。

圖 9-13

動物上榜世界最佳紙鈔，尚有：

圖 9-14 為烏干達大猩猩（Gorilla），並由世界紙幣協會（International Bank Note Society），選為 2012 年最佳紙幣首獎（烏干達 50000 元紙鈔）。牠是靈長目中最大動物，體重 180 公斤，人類的近親，生長在非洲赤道叢林間。

圖 9-14

圖 9-15 紙幣為世界紙幣協會（IBNS）評為 2009 年最佳紙幣首獎——國鳥：薩摩亞鴿，又稱齒啄鴿。（薩摩亞 20 塔拉）

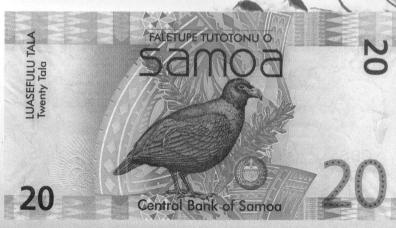

圖 9-15

非洲五霸（Big 5）

最常出現在非洲鈔票上的動物圖案是獅子、豹、大象、犀牛、野牛，這五種動物被稱為「非洲五霸」。非洲是飛禽走獸的天堂，南非即以動物圖案刻印在紙鈔上。圖 9-16 是南非的 50 元紙鈔，有一隻氣宇軒昂的公獅子。

獅子是大型貓科動物，也是非洲最大的肉食性動物，牠們經常懶洋洋地趴在大樹下，一旦發現獵物，便會展露其凶猛的獵殺技巧。非洲中部和南部的廣闊大草原，是牠們的絕佳狩獵場。

獅子是群居動物；一個獅群通常有三到三十多隻不等的獅子，領袖是經過血腥的戰鬥產生。而捕捉獵物、照顧幼獅的工作則全由母獅負責；母獅為了磨練小獅，會故意把小獅子推到山谷下，讓小獅子從谷底爬到山頂。

非洲五霸

圖 9-16

圖 9-17

圖 9-17 的南非 200 元紙鈔印有非洲豹的圖案，非洲豹為陸地上跑得最快的動物，時速兩小時 110 公里，善於爬樹，為十分凶猛的肉食性動物。

非洲象這個名字是在 1825 年由喬治‧庫維葉男爵所命名的。《大象 —— 世界的支柱》一書指出,成年的非洲公象高度可超過 3.5 公尺,最高甚至到 4.1 公尺,體重約 4 至 5 噸,最重曾到達 10 噸。(註:非洲象都有象牙、亞洲象只有公象才有象牙,每 10 年換牙一次。)

一般都認為非洲象野性強烈,不易馴養;其實在西元前 2 世紀埃及托勒密時期,就已出現過被馴化的象。野生象受過訓練後,能適應研究人員的接近。非洲象接受訓練後可成為人類的得力助手。19 世紀末,比利時的利奧普二世(Leopold II)就是最好的馴獸師,他可以讓非洲象主動幫人類追逐獅子,藉著非洲象的聰敏與碩大的體型,確實為人類獵捕不少猛獸。

圖 9-18 的南非 20 元紙鈔上,即印有非洲象的圖案。

圖 9-18

圖 9-19

犀牛是大型哺乳類動物，成年的犀牛身
高約 1.5 公尺，身長約為 3 公尺，重量
約在 1000 公斤左右；牠們最為人所熟
知的就是頭上的角，及其所保留的史前
物種外觀。野生的犀牛通常可以活到 35
歲左右。由於犀牛角具有極高的價值，
吸引了大批獵殺者盜獵犀角，讓犀牛的
數目驟降，而瀕臨絕種。近年來，非洲
十四個國家致力於犀牛的保育工作，犀
牛數目才得以慢慢地回升。

圖 9-19 的南非 10 元紙鈔印有瀕臨絕種
的動物——犀牛。其古樸憨厚的模樣令
人有種來自遠古的感覺。

圖 9-20

野牛體型巨大,體重約有 1500 磅左右,是攻擊敵人的利器,牠們頭上有一塊白斑,肩部到前背中隆起一個瘤狀物;膝蓋以下的毛是白色,被暱稱為「白襪子」。野牛雖看似憨厚,卻十分凶猛。野牛的棲息地目前多遭人為破壞,更因其具有許多經濟價值而被過度獵殺,目前野牛已被列入重點保護動物。

圖 9-20 是南非的 100 元紙鈔,鈔票上的野牛憨厚可愛,不見牠強大的攻擊性。

非洲羚羊大多體態輕盈，擅於長跑，性格溫和，在草原上是很多肉食動物的主食，有許多不同之類別，納米比亞把羚羊當作鈔票之主角（圖 9-21~圖 9-25）。一般肉食動物是短跑健將，狂奔 500 公尺後就後繼無力、精疲力倦，而草食動物善於長跑，慢但耐久，所以有風吹草動就要快開跑，如能超過 500 公尺就安全了，其中 10 元是跳羚，20 元是紅色麋羚，50 元是旋角羚羊，100 元是直角羚羊，200 元是雜色羚羊。

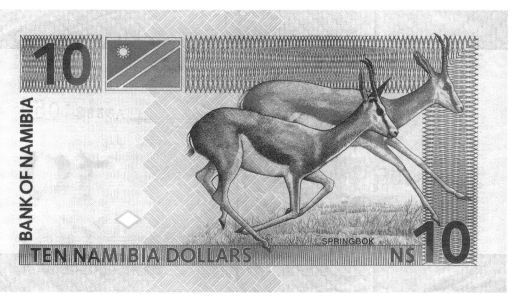

圖 9-21

圖 9-22

圖 9-23

圖 9-24

圖 9-25

美麗的標章──紅頰鵯

新加坡在 80 年代所發行面額 5 元的紙鈔，即為鳥類系列紙鈔（圖 9-26）。這張紙鈔的正面是一隻紅頰鵯。紅頰鵯等鵯科鳥類身長約 20 公分，雌雄體色接近，頭頂有黑色冠羽，眼睛後方有一塊紅斑，尾巴後方有紅色羽毛，這些都是最主要的特徵。

紅頰鵯常棲息在森林邊緣及鄉村的林間，喜歡在寬闊地帶駐足，常發出輕快悅耳的「布比～布比」。紅頰鵯的繁殖期在 3 到 8 月，牠們在樹上築巢，每次產蛋 3 至 4 顆，淡粉紅色的薄殼上滿布暗紫色紋路，主要分布在馬來半島中部以北，是東南亞人家常飼養的觀賞鳥。

新加坡鳥類圖案鈔票不只這一種，還有一系列美麗的鳥類圖案令人愛不釋手，如圖 9-27 中印有黑枕燕鷗的 1 元鈔票；以及圖 9-28 中印有黃腹太陽鳥的 20 元鈔票。

圖 9-26

圖 9-27

圖 9-28

仙人的坐騎──丹頂鶴

丹頂鶴（學名 Grus Japonensis ）的特徵──嘴長、頸長、腿長，除頸部和羽毛後面為黑色外，其餘皆為白色，最具特色的就是頭頂。丹頂鶴的頭頂皮膚裸露在外，呈鮮紅色，而享有此美名。牠們的體態優雅、紅白分明，亞洲人視為吉祥、長壽的象徵，在亞洲的神話故事中，常為仙人的坐騎。丹頂鶴是東亞地區的特有鳥種，在中國、俄羅斯和日本等地都可以看到牠們的蹤跡。丹頂鶴每年會在繁殖地和過冬地進行遷徙，只有在日本北海道是當地的留鳥，這可能與當地人習慣

性餵食有關，因為冬天食物來源充足，因此丹頂鶴不再遷徙。日本北
海道的阿依努人甚至把生活在釧路濕地的丹頂鶴稱為「濕地之神」，
不僅給予食物，且刻意保護，日本人甚至將牠們稱為國鳥，北海道設
有釧路市丹頂鶴自然公園。

自古以來，亞洲人特別喜愛丹頂鶴鮮麗的羽毛，使牠們常遭到獵殺，
雖然近年許多國家都設立相關保護法令，禁止人為的獵殺，但目前丹
頂鶴的重要死因卻是不肖人士的投毒獵捕。

丹頂鶴為國家一級保護動物，是世界自然保護聯盟（IUCN）紅皮書中
的瀕危物種，也被列入瀕危野生動植物種國際貿易公約（CITES）中。
日本政府為保護丹頂鶴的繁殖，將丹頂鶴列為「天然紀念物」，並在
1000 元紙鈔上複印其優雅的身影（圖 9-29），希望喚起國人對丹頂鶴
的珍視與愛護。

圖 9-29

神之鳥──天堂鳥

天堂鳥的名稱起源自新幾內亞，當地土話有「神之鳥」的含意。傳說 1522 年，當時西班牙冒險家麥哲倫完成香料群島探險後，自印尼摩鹿加群島帶回 Batjan 島酋長所贈送的天堂鳥標本後，西班牙人發現這隻製成標本的鳥沒有腳，以為牠們天生沒有腳，而對其開始有了奇異幻想，西班牙人甚至幻想著這種鳥只生活在天堂，故將牠命名為「Bird of Paradise（天堂鳥）」，後來才知道這隻鳥沒有腳，是因為當地土著將鳥的腳製成勇士的頭飾。

天堂鳥為燕雀目，極樂鳥科（Paradisaei-dae），體形中等，最特別的是在頭部、胸部及翅膀會長出各種飾羽，且會因陽光照射而

圖 9-30

產生不同程度的虹彩，尤其是牠們那一身華麗的羽翼，令人嘖嘖稱奇，成為最引人注目的地方。尤其是薩克森王天堂鳥，牠身長僅22公分，眼睛後面有長達50公分的藍白色旗羽，鮮豔奪目。標本在1894年被送往歐洲博物館時，卻因外型太過鮮豔誇大，有仿造之嫌，而遭博物館退回。

天堂鳥品種繁多，大致以東經141度為分界，以東是新幾內亞，有33種天堂鳥；以西是印尼領地Irian Jaya，有29種天堂鳥；不論是哪裡出產的天堂鳥，都稱得上是世界上最美麗的鳥。印尼的20000元紙鈔（圖9-30）和新幾內亞的10元紙鈔（圖9-31）上，都有美麗天堂鳥的蹤影。

圖9-31

圖 9-32

美麗的眼睛──藍孔雀

藍孔雀主要產於巴基斯坦、印度和斯里蘭卡，是印度的國鳥，只要是 1500 公尺以下的茂密叢林，都可發現牠們的蹤影。藍孔雀常會吃幼小的眼鏡蛇，幫印度人除掉害蟲，因此在印度非常受歡迎。

雄性藍孔雀總長度可達約 2 公尺，重 4000-6000 克。上部的尾羽可以豎起來像一把扇子般地「開屏」。尾羽上反光的藍色「眼睛」可用來阻擋天敵接近。因為天敵會以為這是大的哺乳動物的眼睛而不敢靠近，假如天敵仍不為所動的話，藍孔雀還會抖動其尾羽，發出「沙沙」聲以達到嚇阻作用。除此之外，牠還有個作用，就是可以藉此吸引雌性藍孔雀的注意。馬其頓 10 元紙鈔上有藍孔雀的身影（圖 9-32）。

美洲翠鳥

翠鳥的羽毛色澤鮮豔燦爛，牠們身上的羽毛經過特殊加工後，可以用來裝飾婦女配戴的帽子、眼鏡袋、小飾品。在18、19世紀時，被大量地捕殺。雖然翠鳥繁殖容易，一隻母鳥一年可撫育三隻雛鳥，卻由於牠們棲息的環境遭到人為破壞，加上牠們長寒，對霜雪的抵禦能力薄弱，因此目前翠鳥已被列為瀕臨絕種的動物。

加拿大的5元紙鈔上將翠鳥的美麗影像呈現在世人的眼前（圖9-33），提醒人們不要再捕捉無辜的翠鳥，這或許是加拿大政府保護翠鳥的一種方式吧！

圖9-33

讓漁翁得利的魚鷹

「魚鷹」是以捕食魚類為生的鷹鳥,魚鷹遍布世界各地,不同品種其捕食方式也不同。魚鷹捕魚時是將整個身體潛進水中,且魚鷹大多單獨在海邊、河口、沼澤及湖泊等水域環境活動。

聰明的漁夫以稻草繫住魚鷹的喉部來控制魚鷹,使魚鷹以鳥喙捉到魚後,只可吞下小魚,而大魚即成了漁民的食物。此外,為方便控制魚鷹的秩序,漁民會用細繩將魚鷹的腳繫在竹筏上,避免魚鷹飛遠。

加拿大政府將魚鷹俯衝而下,攫取魚隻的威猛畫面印製在 10 元的紙鈔上(圖 9-34)。此外,除了加拿大紙鈔上有魚鷹的蹤影,尚比亞 500 元的紙鈔上也將魚鷹收錄其中(圖 9-35)。

圖 9-34

圖 9-35

圖 9-36

哈利波特的信差──貓頭鷹

貓頭鷹係鴞形目，體型較大的雪鴞（Bubo Scandiacus）是加拿大
魁北克的吉祥鳥，全球有超過 130 個品種。除了南極洲，世界各地都
有牠們的身影。大部分的貓頭鷹都是夜行性肉食動物，貓頭鷹的眼睛
及耳朵構造特殊，全身還長著鬆軟的羽毛，飛起及落下的聲音很小，
在夜間牠們有超強的獵捕能力，但貓頭鷹的幼鳥死亡率極高，這是因
為幼小的貓頭鷹之間有嚴重的同類攻擊行為。鳥類學家統計，每年約
有 25% 左右的成年貓頭鷹自然死亡。

成年的貓頭鷹是捕鼠高手，根據鳥類學家的統計，一隻貓頭鷹一個夏
天可捕食一千隻老鼠，而一隻老鼠一個夏天要消耗糧食一千克，依據
這樣的推算，一隻貓頭鷹在一個夏天可為人類保護一噸糧食，證明了
貓頭鷹對人類是一種益鳥，而牠們也極度需要人類的保護。

加拿大的 50 元紙鈔上印有貓頭鷹可愛溫和的模樣（圖 9-36），希望藉
由這張鈔票呼籲世人保護貓頭鷹。

別再叫我鴨子啦！──潛鳥

潛鳥（Diver）的外表像鴨子，但牠和鴨子是完全不同的鳥類，潛鳥屬於潛鳥目（Gaviiformes），鴨子則為雁形目。之所以稱為潛鳥，是因為牠們的潛水時間可以超過一分鐘以上。潛鳥雖然擅長游泳和潛水，卻因為牠們的腳趾間有很大的腳蹼，幾乎無法在陸上站立或行走。潛鳥的食物相當廣泛，包括魚類、甲殼類和軟體動物、烏賊，這也是潛鳥和鴨子的差別。

在繁殖季節，潛鳥居住在美洲和歐洲北部的森林和苔原地帶；在冬季來臨前，牠們會遷徙到非洲南部和中美洲。

加拿大 20 元紙鈔上，即可看到潛鳥在湖邊戲水的畫面（圖 9-37）。

圖 9-37

飛行時呈 V 型的加拿大雁

加拿大雁（學名 Branta Canadensis）屬鴨科黑雁屬種類。Canadensis 是新拉丁文，為加拿大之意。加拿大雁是群居性鳥類，喜棲息在湖泊、沼澤，以及水流平緩處，在加拿大五大湖地區可看見大量的加拿大雁群。加拿大雁也可適應城市環境，在整齊漂亮的草地、池塘旁邊、高爾夫球場、小鎮公園都可見到牠們的身影。

加拿大雁的食物來源包括水生植物、陸生野草、農作物，但牠們不吃魚類。當一群加拿大雁從空中飛過，會排列成 V 型，且其遷徙路線會因棲息地和食物源頭改變而變動。

加拿大雁曾在 50 年代被認為是瀕臨絕種動物，直到 1962 年，政府制定狩獵相關法律，並加強加拿大雁棲息地的保護計畫之後，其數目才逐漸回升。

從加拿大 100 元紙鈔上，可見在濱水湖泊邊飛翔覓食的加拿大雁（圖 9-38）。

圖 9-38

圖 9-39

忠心的知更鳥

知更鳥是著名的鳥類，牠的羽毛鮮豔、歌聲動人，受到很多人喜愛。知更鳥一生大多只有一個伴侶，是忠心的鳥類；不過知更鳥具有獨行俠性格，少與其他同伴親暱互動，對領土有強烈的保護意識。知更鳥有很多不同的品種，各品種的外型也有很大差異，如歐洲知更鳥以及美洲知更鳥在分類上雖都是鶇科鳥類，但體型、顏色上則幾乎很難找到共同點。

美洲知更鳥分布於加拿大、美國和墨西哥，地區相當廣泛。知更鳥在冬天為了取暖，會和其他鳥類群共棲一處；1 到 2 月，美洲知更鳥會向北遷移，在樹林、花園、公園等處，都有可能看到牠們的蹤跡，與人類環境非常接近。知更鳥的數目在 20 世紀初急劇減少，有部分原因是家雀和八哥進駐知更鳥的巢穴。加拿大政府對生態極為重視，對知更鳥也極力保護，在加拿大 2 元紙鈔上就收錄了知更鳥的俊俏模樣（圖 9-39）。

粉紅雲霞──紅鶴

巴哈馬位在中南美洲，面積有 13900 多平方公里，在這塊土地上生存的鳥類卻有 200 多種。其中，紅鶴有 5 萬多隻，是世界上紅鶴最多的國家，有「紅鶴之鄉」的美譽。

紅鶴這個名字源自拉丁文「火焰」，紅鶴身高 1.2 公尺，全身披著粉紅色羽毛；紅鶴是因為食物的關係，羽毛才會變成粉紅色；當牠們成群地在天空飛翔時，就像一片粉紅色雲霞。在巴哈馬流傳著一則紅鶴的優美神話：紅鶴能活 500 年，在牠臨終時，還會用翅膀煽起一堆熊熊火焰，紅鶴能在灰燼中浴火重生，故在當地被奉為「神鳥」、「火焰鳥」。令人想不到的是，不論紅鶴的羽毛如何美麗鮮豔，一旦離開紅鶴身上，立刻變為白色。

在巴哈馬獨立之前，當地政府對紅鶴大肆獵捕，並以高價販賣到歐美各國，使紅鶴幾乎滅絕，直到 1973 年，巴哈馬獨立後，才把紅鶴定為國鳥，更成立「保護紅鶴委員會」，嚴禁任何投機分子捕殺紅鶴賺取外匯；巴國政府並將大伊納瓜島列為「禁獵區」，此處已成為紅鶴的樂園。

巴哈馬 1 元紀念鈔票的左側，可依稀見到數隻紅鶴（American Hamingo）美麗的身影（圖 9-40）。其前尚有亞馬遜鸚鵡（Cuban Parrot）及岩石鬆蜥（Rock Iguana），號稱巴哈馬三大珍稀物種。

圖 9-40

圖 9-41

旋轉大師——扇尾鶲

扇尾鶲分布在大洋洲，身長大約 20 公分，單獨活動，偶爾成對出現，在林間活動時常豎起尾巴，遠看像一把打開的扇子，每跳一次就會出現 90 度到 180 度轉身，還會發出吱吱的鳴叫聲。扇尾鶲的繁殖季節在 3~7 月間，牠們會將巢穴築於森林或石洞內，鳥巢由細草構成，呈現杯狀。

紐西蘭的 1 元紙鈔上，可看見扇尾鶲展翅飛翔的倩影（圖 9-41）！

圖 9-42

森林女神──蜂鳥

蜂鳥（學名 Trochilidae）分布區域很廣泛，遍布中美洲及南美洲，蜂鳥種類繁多，約有 300 多種，是世界上最小的鳥，全長僅二吋半。蜂鳥的飛行本領高，被人們稱為「神鳥」、「彗星」、「森林女神」和「花冠」。牠能在花前懸空逗留，吸食花蜜，還有倒退飛行的本領。蜂鳥因拍打翅膀發出的嗡嗡聲而得名。

為了讓翅膀快速拍打，蜂鳥必須提高其新陳代謝，心跳更要達到每分鐘 500 下！因此，蜂鳥每天要消耗大量的食物，為了獲取巨量的食物，牠們每天必須採食數百朵花，有時候還得忍受好幾個小時的饑餓。

在巴西 1 元紙鈔上，有母蜂鳥餵食小鳥的可愛模樣（圖 9-42）。紐西蘭的 2 元紙鈔上，也可以看到蜂鳥在花間採蜜的美妙姿態（圖 9-43）。

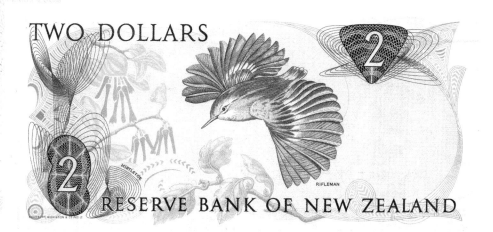

圖 9-43

曾經接受了飛碟電台「哲青遊天下」節目主持人謝哲青訪問：「蒐集了世界各國那麼多的鈔票，您最喜愛的是哪個國家的紙幣呢？」筆者不假思索的回答了「蘇里南」的「鳥語花香」版。

在所有的鳥類鈔票中，筆者最鍾愛的為蘇里南全套（9 張）（圖 9-44~ 圖 9-52）的鳥類紙幣，因為非常少有是從 5 元到 25000 元皆以鳥類印於紙幣上的國家，其中最難得的是，紙幣上皆包含了鳥語花香的特別意義。（正面為鳥類，背面為花，但本篇以鳥類為主，因此不附上背面圖。）

圖 9-44
紅頸啄木鳥 Red-necked Woodpecker（學名：Campephilusrubricollis）

圖 9-45
綠喉芒果蜂鳥 Green-throated Mango（學名：Anthracothoraxviridigula）

圖 9-46
白喉巨嘴鳥 White-throated Toucan（學名：Ramphastostucanus）

圖 9-47
長尾隱蜂鳥 Eastern Long-tailed Hermit（學名：Phaethornissuperciliosus）

圖 9-48
圭亞那動冠傘鳥 Guianan Cock-of-the-rock（學名：Rupicolarupicola）

圖 9-49
王霸鶲 Royal Flycatcher（學名：Onychorhynchuscoronatus）

圖 9-50
太陽錐尾鸚鵡 Sun Parakeet（學名：Aratingasolstitialis）

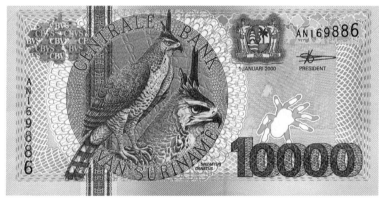

圖 9-51
飾冠鷹雕 Ornate Hawk-eagle（學名：Spizaetusornatus）

圖 9-52
眼鏡鴞 Spectacled Owl（學名：Pulsatrixperspicillata）

全球瀕危的動物

世界自然基金會（WWF）調查發現，全球前十大瀕危的物種中，幾乎都是動物，希望大家都能保護岌岌可危的物種，讓牠們免遭滅絕。

下面的鈔票分別是南越 500 元的老虎、印度 10 元的大象、老虎、犀牛，太平洋庫克島 3 元的鯊魚、盧安達 5000 元的大猩猩，尼泊爾100 元的犀牛等，全都是瀕危動物（圖 9-53~ 圖 9-57）。

圖 9-53

圖 9-54

圖 9-55

圖 9-56

圖 9-57

全球瀕危物種的動物排名		
1	老虎	棲地不斷消失及森林不斷被開發,導致野生老虎數量驟減。
2	大西洋鯖鯊	國際市場對其高價魚肉和魚鰭需求極大,鯖鯊還可用來充當肥料,在北大西洋的族群數量已減少了89%。
3	鋸鰩	血緣與鯊魚接近的大魟魚,鋸齒狀吻突常被用來當作儀式用劍,魚肉和魚鰭也常被用來製成魚翅湯。
4	棘角鯊	在英國常被用於魚塊與炸薯片等傳統食物,德國則把煙燻魚肉視為珍饈。歐盟是棘角鯊最主要的進口市場,其在東北大西洋的數量,十年來遽減逾95%。
5	亞洲犀牛	犀牛角在亞洲被視為珍貴藥材,加上其位於森林的棲地遭嚴重破壞,使得亞洲犀牛數量大幅減少,近幾年來,盜獵風氣再起,更造成原本數量穩定的少數族群也岌岌可危。
6	歐洲鰻	生存於歐洲各地沿岸及淡水地區,數十年來,因過度捕撈及盜獵,數量大減,加上幼年的歐洲鰻近來常被用於水產養殖業,成年鰻更被視為高價商品,進一步威脅其生存。
7	大象	盜獵風行及非法象牙交易,實為部分國家象牙交易猖獗所致,尤其非洲與亞洲的象牙市場仍持續存在。
8	大猩猩	野生大猩猩(包括大猩猩、黑猩猩與紅毛猩猩)數量持續遽減,還受到非法交易、非法捕殺、疾病、棲地破壞等多種因素影響。

資料來源:每日電訊報網站

十二生肖

能上鈔票的動物大多是該國代表性動物，活生生的存在，
讓我們來珍惜，它畢竟是地球村的一員，滅絕後就沒了，
在此步入古典、傳統的十二生肖的世界裡。

在動物鈔票的蒐集中，以民間傳統的十二生肖最有趣，也
最不容易蒐集。其中牛、馬、羊最多，鼠、兔最少，雖有
雞的鈔票，但圖案太小。

十二生肖的鈔票來自不同的國家：鼠（5 元的蘇格蘭
幣）、牛（500 元的坦尚尼亞幣）、虎（500 元的越南幣）、
兔（1 元的白俄羅斯幣）、龍（100 元的中國幣）、蛇
（10000 元的巴西幣）、馬（10 元的伊拉克幣）、羊（10
元的南非幣）、猴（500 元的印尼幣）、雞（1 元的日幣）、
狗（500 元的白俄羅斯幣）、豬（20 元的巴布亞紐幾內
亞幣）。依十二生肖順序分別羅列於下（見圖 9-58~ 圖
9-69 共 12 張）：

第一組

圖 9-58

圖 9-59

華人以十二生肖為計算年齡單位,且十二生肖的排序方式聽說係兩兩
互為依存,相輔相生,可納入「倫理學」的課程。

第一組是鼠與牛，老鼠代表機伶，牛代表勤勞，機伶和勤勞是相輔相成的，只有機伶而不勤勞，就是只會耍小聰明的投機分子；而光只是勤勞，卻不懂思考，則是愚昧的頑固分子。

第二組

第二組是虎和兔，老虎代表勇氣，兔子代表謹慎。若勇氣與謹慎結合，就能成就大事；如果空有勇氣缺少謹慎，就會因魯莽而壞事；若過於謹慎小心，會因為膽怯而喪失機會。

圖 9-60

圖 9-61

第三組

第三組是龍和蛇，龍代表剛烈神氣，蛇代表柔軟謙和。太剛強必定折
損，但如果只會柔軟應對，則會缺少主見；唯有剛柔並濟，方才有成
大器的機會。

圖 9-62

圖 9-63

第四組

圖 9-64

圖 9-65

第四組是馬和羊，馬代表直奔目標、率真勇敢，羊代表和順圓融。如
果一個人只顧自己前進，不顧別人，則會引起周遭人的不滿；反之，
若只顧著附和他人，最後會失去目標。所以，講求目標和效率的特質
一定要與和順圓融並存。

第五組

圖 9-66

圖 9-67

第五組是猴與雞，猴子代表靈活應變，雞定時鳴叫，代表平穩安定。
只有靈活，卻缺少穩定，則會成效不彰；如果只是穩定，就如同一潭
死水，缺少創新和改革；若兩者能相互結合，以穩定性來保持整體秩
序的和諧，以靈活的思考來創新，才是最圓滿的狀態。

第六組

第六組是狗和豬，狗代表忠心耿耿，豬代表和氣相處。一個人如果太
過忠誠，不懂與每個人和氣相處，就會不自覺的排擠他人；相反地，
一個人太隨和，就沒有主見和原則。因此，忠誠度一定要與隨和緊扣
一起，這就是華人所謂的謙謙君子，也是一個進退合宜的人才。

圖 9-68

圖 9-69

十二生肖在華人的思想中不只代表了相輔相成的概念，也表現了華人的哲學觀。它將人區分成十二種性格，甚至認為從其所屬的生肖可以看出此人的個性。有些企業主管在面試新人時還會特別去了解面試者的生肖！生肖和職務間到底有何關聯呢？依照民間流傳，大致區分如下：

生肖屬龍、猴、鼠者的個性活潑，反應快速，活動能力強，善與人接觸，最適合第一線的行銷與業務工作。生肖屬虎、狗、馬的人個性細膩，對自我要求高，也勇於提出請求及拒絕不合理的要求，最適合採購發包、委外加工或服務的工作。生肖屬牛、雞、蛇者，其個性較木訥沉著，處事謹慎，較適合研發或文書工作，是二線工作的領航者。生肖屬豬、兔、羊的人，個性平和、柔順，做事有條不紊、踏實謹慎，適合後勤、法律與特別助理的工作。

除了個性、工作，十二生肖中的三種動物和人生階段也有關聯！古人曾說人生很像牛、狗、猴：年輕像牛，終日耕耘不得停歇；中年如狗，要顧守家園；老年如猴，退隱山林。若人生流程真能如此，應是有福之人！

早期，曾赴中國大陸投資，與當地合夥人共進晚宴，席間猜謎助興，題目：「十二生肖哪三種動物最有霸氣？」還用猜，不就是「龍」爭「虎」鬥、「馬」首是瞻，沒有全對，它是「豬」、「龍」、「雞」，也就是「朱」「鎔」「基」（時任總理，名言：我準備一百口棺材，九十九口給貪官，一口留給自己。），博君一笑。

在本書的尾聲，希望讀者讀完本書後，不但能對金錢有正確的態度，更對本國及世界各國的經貿、人物、自然、歷史都有大略的了解，擴大視野、關心國際，在金錢數字外更添一股人文氣質。

五南圖解財經商管系列

※ 最有系統的圖解財經工具書。

※ 一單元一概念，精簡扼要傳授財經必備知識。

※ 超越傳統書籍，結合實務精華理論，提升就業競爭力，與時俱進。

※ 內容完整，架構清晰，圖文並茂‧容易理解‧快速吸收。

圖解財務報表分析
／馬嘉應

圖解物流管理
／張福榮

圖解企劃案撰寫
／戴國良

圖解企業管理(MBA學)
／戴國良

圖解企業危機管理
／朱延智

圖解行銷學
／戴國良

圖解策略管理
／戴國良

圖解管理學
／戴國良

圖解經濟學
／伍忠賢

圖解國貿實務
／李淑茹

圖解會計學
／趙敏希
馬嘉應教授審定

圖解作業研究
／趙元和、趙英宏、
趙敏希

圖解人力資源管理
／戴國良

圖解財務管理
／戴國良

圖解領導學
／戴國良

歐洲館

Explore the Bill-Europe

最浪漫的鈔票故事書

繼第34屆金鼎獎最佳圖書《遇見鈔票》，
鈔票學達人莊銘國，再次帶領您神遊一鈔一世界的藝術殿堂。

就讓小王子帶領您，飛躍艾菲爾鐵塔。再到汽車大國，與格林兄弟聊聊《小紅帽》的創作心情。
在風車國度，歡迎走進梵谷筆下的向日葵世界。
您絕對想不到，能在威廉王子的家鄉，與經濟學之父請益分工的真義。
先在萬湖之國歇一會吧！欣賞芭蕾仙子的漫姿舞姿。
原來奧地利不只是音樂之都，更誕生了一位偉大的血型發現者。
最讓人感到驚訝的，科學界公認的兩位曠世奇才，
義大利的達文西與塞爾維亞的特斯拉，都是尊重生命的素食主義先驅。

鈔票學達人 **莊銘國** 著

小國旗大學問

Small flag
Great knowledge.

國際觀速成培養術

旗幟學超人
莊銘國 著

第34屆金鼎獎 得主
莊銘國 最得意代表作

作者親訪百餘國，告訴您國旗背後的溫馨小故事！

國旗好好玩，從不同層面看國旗，國際觀的藝術饗宴

獲中華民國觀光領隊協會「領隊心靈補充糧食」推薦書！

典藏鈔票異數

Bill Discovery

莊銘國 著

溫雅惠 許桂榮 協編

輕鬆看鈔票，快樂學歷史

❀ 精心收錄多國鈔票小故事。

❀ 分析性強、切入角度多元！
以鈔票的顏色、文字、圖案、數字編碼、紀念鈔發行、如何辨識真假鈔等各角度，深入探討！

❀ 由鈔票印行演變了解一國發展，讓您輕鬆學世界歷史。

Etiquette

國際禮儀 與 海外見聞 第9版

◉ **形象雕塑全攻略**
出國考察、參觀、經商、旅遊、談判必備！
舉凡衣著、用餐、下榻、搭車、電話、觀展等基本禮儀，
一冊通曉！

◉ **全民禮儀必修課**
氣質不是天生，禮儀正在時尚！

◉ 榮獲中華民國觀光領隊協會列為「領隊心靈補充糧食」！

莊銘國 著

第二屆國家十大傑出經理、《管理雜誌》全國五百大管理名師
國家品質獎評審委員、旗幟學專家、榮獲第34屆金鼎獎

 附贈「實地、實景、實物」拍攝相片光碟

國家圖書館出版品預行編目資料

遇見鈔票／莊銘國, 卓素絹著. －－三版.
－－臺北市：書泉, 2013. 11
　面；　公分
ISBN 978-986-121-860-1（平裝）
1.紙幣
561.5　　　　　　　　　102018237

3O51

遇見鈔票

作　　　者－莊銘國　卓素絹

發　行　人－楊榮川

總　編　輯－王翠華

主　　　編－張毓芬

責 任 編 輯－侯家嵐

文 字 校 對－陳俐君

封 面 設 計－盧盈良

內 文 排 版－李宸葳工作坊　嚴致華　張淑貞

發　行　者－書泉出版社

地　　　址：106 台北市大安區和平東路二段 339 號 4 樓

電　　　話：(02)2705-5066

傳　　　真：(02)2706-6100

網　　　址：http://www.wunan.com.tw

電 子 郵 件：shuchuan@shuchuan.com.tw

劃 撥 帳 號：01303853

戶　　　名：書泉出版社

台中市駐區辦公室／台中市中區中山路 6 號

電　　　話：(04)2223-0891

傳　　　真：(04)2223-3549

高雄市駐區辦公室／高雄市新興區中山一路 290 號

總 經 銷　朝日文化事業有限公司

電　　　話：(02)2249-7714　傳　　　真：(02)2249-8716

地　　　址：235 新北市中和區橋安街 15 巷 1 號 7 樓

法 律 顧 問　林勝安律師事務所　林勝安律師

出 版 日 期　2009 年 7 月初版一刷
　　　　　　2011 年 1 月二版一刷
　　　　　　2013 年 11 月三版一刷

定　　　價　新臺幣 450 元